imaginist

想象另一种可能

理
想
国
imaginist

日本近代思想史

［日］
鹿野政直

著

周晓霞

译

民主与建设出版社

·北京·

©民主与建设出版社，2022

图书在版编目（CIP）数据

日本近代思想史 /（日）鹿野政直著；周晓霞译

. -- 北京：民主与建设出版社，2022.9

ISBN 978-7-5139-3899-0

Ⅰ.①日… Ⅱ.①鹿… ②周… Ⅲ.①思想史—研究

—日本—现代 Ⅳ.① B313.4

中国版本图书馆 CIP 数据核字 (2022) 第 120541 号

KINDAI NIHON SHISOU ANNAI

by Masanao Kano

©1999 by Masanao Kano

Originally published in 1999 by Iwanami Shoten, Publishers, Tokyo.

This simplified Chinese edition published in 2022

by Beijing Imaginist Time Culture Co., Ltd., Beijing

by arrangement with Iwanami Shoten, Publishers, Tokyo.

北京市版权局著作权合同登记号 图字：01-2022-5143

日本近代思想史
RIBEN JINDAI SIXIANGSHI

著　　者	［日］鹿野政直	
译　　者	周晓霞	
责任编辑	王　颂	
封面设计	尚燕平	
出版发行	民主与建设出版社有限责任公司	
电　　话	（010）59417747　59419778	
社　　址	北京市海淀区西三环中路 10 号望海楼 E 座 7 层	
邮　　编	100142	
印　　刷	肥城新华印刷有限公司	
版　　次	2022 年 9 月第 1 版	
印　　次	2022 年 9 月第 1 次印刷	
开　　本	880 毫米 ×1230 毫米　1/32	
印　　张	10.5	
字　　数	210 千字	
书　　号	ISBN 978-7-5139-3899-0	
定　　价	58.00 元	

注：如有印、装质量问题，请与出版社联系。

与思想面对面

主题

我们在"日本近代思想"这一主题下讨论的，是 19 世纪后半期至 20 世纪前半期日本人创造的思想。这个时期虽然不足一个世纪，但在日本历史上却是一个剧烈动荡的时期。

若按年代划分，这一时期始于 1868 年的明治维新，姑且以 1945 年第二次世界大战日本的投降为止。当然，在明治维新以前，还有以佩里叩关为契机而开启的幕末时期，而日本投降后的战后日本甚至一直持续到现在。

在这一时期，日本经历了曲折的历史变化。处于亚洲一隅的日本卷入世界市场，成为其中的一部分，日本化危机为机遇，革新国内体制，建立了近代国家（近来学界常使用"国民国家"这一用语）。与此同时，作为后发的帝国主义国家，它妄图称霸亚洲乃至世界，却在受到强烈抵抗后遭遇失败。"日本近代思想"

所讨论的主题便与这段历史息息相关，即在创造这段历史的过程中，日本人是如何展开其思想的。

框架

"思想"这一词语，与多数词语一样，不免带有多种含义。话虽如此，但通常人们认为它是指"思索的内容形成大致体系后产生的结果"。词典中的定义也是大同小异，举一个例子来说，在《广辞苑》（1998 年第 5 版）中，"思想"一词的定义是："思考内容。特别是指经过系统归纳总结后形成的内容"。

这大致是惯用的定义，稍微细看，在"思想"这一词语中，被想象的框架是较为清晰的。一是，它指思考的内容。思索的活动被称作思维、思考，且若着眼于活动所具有的主体性时，它就相当于"精神"这一词语。二是，人们会设想出某种体系性。如果人们意识到思考内容缺乏体系性，通常会将其与思想区别开来，将它看作一种意识或直觉。但思想的体系性并不像哲学所要求的那种严密性、体系性，人们也会认为它包含了人生观、社会观等层面的不定型性（世界观则具有显著的终极性、绝对性特征，哲学色彩会比较浓厚）。

我们可以认为，在这种框架中，思想大致处于"能够思考的"位置。在谈到福泽谕吉的思想或是柳田国男的思想时，与这个概念最为契合。

扩大的框架

我想在更广的含义中使用"思想"这一词语。这是基于以下两个理由。

一是因为我不想割裂意识和思想，反过来说，是想将意识理解为思想发酵的要素。不将自己湮没于秩序中，而是从中萌生出对秩序的违和感，对自己产生怀疑，这样的意识才会为思想的形成创造契机。大多数时候，这种意识并不会形成体系，而是作为一种碎片逐渐消逝，或是冻结于心中，但将思想与产生它的实际处境割裂开来，以自我完成性来认识思想，就如同欣赏采摘的花朵一样令人喜悦。

二是因为我认为所有的作品都洋溢着思想性。当我们走进书店，会看到美术、音乐、戏剧、建筑、风俗、宗教、文学、历史、地理、社会、教育、儿童等领域的书分门别类陈列其中，很多时候还会邂逅贴着"思想"标签的图书角。这种分类虽然是按照词典的定义而设计的，但由于受众的角度不同，在读者看来，其实所有的作品都富有思想性。不仅是那些用文字书写的作品，美术、音乐、戏剧、建筑等也是如此，甚至城市规划、发明物、工业产品、广告、服装，无不能从中检验其所具有的思想性。

从这个意义上说，日本的文学作品在思想表达的领域可谓大显神通，这在近代也并无例外。而且，尽管导入了社会科学，但可以说，借由文学作品来表达思想的方式仍广为流行。

在这本书中，我将以那些具有高稳固性的经典作品为中心，来探讨日本近代思想，因此实际上本书所讨论的内容，主要是在通常被称作思想的框架内进行的。不过，关于框架的扩大，我打算保持上述态度。

阅读思想史的意义

从这种思想的角度来看近代的日本，究竟蕴含着怎样的意义呢？

思想的历史与政治、经济的历史最为不同之处在于，前者具有构想力相互竞争的性质。原本在政治、经济中，也存在围绕发展方向而展开的角逐，并形成构想力的竞争（在构想力这一点上，可以称其为政治思想和经济思想）。但还有一种力也备受重视，它不逊于构想力，是一种为实现构想而包含战略战术的力。通常而言，各种力量关系竞相争夺的结果，便是其被政策化、制度化。如此一来，政治和经济的历史，由于因果关系而易成为被浓墨涂抹出的历史。

与此相对，从提倡的意义上说，思想则力图实现普遍化，它是否会转化为政策或制度，并非判断其价值的决定性因素。反过来说，思想虽然受到现实的束缚，但却使想象力得以放飞，如何放飞想象力，才是衡量思想的价值所在，这是思想所具有的性质。从这一点来看，思想的角度具有一种效用，即人们可以从可能性以及构想力的欠缺和陷阱中重新研究历史。

　　这些角度的设定，无论是在思考现代日本的思想遗产方面，还是在探索国民的思想历程方面，都给我们留下不少的线索。实际上，先人们受制于历史条件和不同时期的状况，以及国家选择的道路方向的局限，或许正是因为受制于这些局限，所以，无论是引导国家发展道路的思想，或者是接受它的思想，抑或是批判它的思想，甚至也包括拒绝它的思想，这些思想都推动了各种构想力相继兴起，并在交锋和碰撞中浮现出争论的焦点。

　　尽管近代创造出多种多样的思想，但我认为在其根底始终贯穿着两个主题。

　　一个主题是国与家的问题。或许应该说是国家和家族制度的问题，这样说的话，不免会留下难以捕捉而又无处不在的阴影。谈到国，总是模棱两可地包含着国家和国民，而家也模棱两可地包含着家父长制、家产、家宅、家系、家世，因此得用日常用语来表达。无论哪个观念，都是步入近代以后才形成的，这些观念紧紧地笼罩在所有日本人的头顶上。同时，即便人们想要回避那最难面对的制度，它还是会一步步逼近人们。

　　这时，国与家具有三重关系。首先是最大单位和最小单位的关系，国被视为最大的单位，家则被视作最小的单位；其次是比拟化的关系，国通过与家类比，或反过来家通过与国类比，国与家呈现出一种比拟化的关系；再次是忠与孝的关系，国被视作忠的观念之源，家则被视作孝的观念之源。在这一点上，国成为衡量政治思想的基准，而家则成为衡量道德思想的基准，与此同时，相反地，那些从正统上来看或多或少具有批判性或是反叛性的政治思想与道德思想，却分别将国、家作为批判和反叛的目标。同时也有一种观点认为，家的问题主要是由文学所担负的。

另一个主题是东与西的问题。这里是指亚洲和欧美。不过，对日本列岛居民而言，他们虽在思想上、制度上长期处于以中国为中心的东方的影响下，但新出现的西方在军事、政治、经济、文化上具有压倒性的力量，是他们需要不断进行认识的对象。排斥也好，吸收也罢，可以说，近代日本人所有的思想工作都是以这一问题为中心展开的。

这样剧烈的转换在思想上引起了激烈的纷争和割裂，并催生了人们进行东西调和的尝试。近代化和传统的问题正是如此。这样说也许不严谨，或者说并不准确，由于在近代化过程中受到冲击，传统得以被人们重新认识，甚至被创造出来。由此而形成的欧美观，也与亚洲观、日本观产生了联动。

对近代日本人而言，这两个基础条件成了最严苛的束缚条件，因此，他们从心底对这两个问题怀有一种"执着"，而这两个问题也成为他们思想形成的弹力。

构成与姿态

我一边思考着以上问题，一边进行写作，本书的框架如目录所示。在我们探讨思想时，会采用着眼于思想家思想的方法，本书将几种大的思想进行分类，多少会有点翻来覆去的感觉，但大体上是按照最精彩思想的发展时期顺序排列的，并在各种思想中放入具有代表性的人物。不可否认，这样做或许会割裂那些代表性人物的人生，但我会尽可能从他们所处的状况和人生经历来解读他们的思想。为了使读者能够了解近代思想的环境，书后还设置了附录。

不论是谁，都无法从时代所具有的束缚性中解放出来。因此，认识到自身所隐藏的被束缚性，并与之搏斗，这时的思想主体会变得更为闪耀，而从中诞生的思想也会超越时代，散发出光芒。我们享受着先人的思想光芒，在探索他们的思索足迹时，我们有时会在途中停驻片刻、环视四周，我想采用这样一种类似于散步的方法，也许会向读者传递出思想有魅力的一面。

在写作本书时，承蒙编辑部平田贤一的关照，在此深表感谢。

鹿野政直

1999 年 3 月 3 日

目　录

第 1 章

幕末时代

佩里叩关与思想的躁动

在文明开化鼎盛时期的 1874 年 10 月 12 日，福泽谕吉给在英国留学的爱徒马场辰猪寄去一封信。他在信中这样写道："方今日本兵乱已平息，然思想之躁动未止。"这发生在明治改元后第七年。

"思想的躁动"的导火索，正是 1853 年的佩里叩关事件。这一事件将美国与英国在东亚的利益争夺推上一个波峰，它给日本社会带来了激烈的震动。短短数十日，黑船来袭的消息不胫而走，传遍整个日本，好几种佩里的肖像画被刊登在小报上，散布开来。

之后，日本历史进入了所谓的幕末时期。物价飞涨，街上熙熙攘攘，车辆川流不息，喧嚣的空气伴随着时间的流转，将

佩里像，日本木版画（约 1854）

人们紧密地笼罩在其中。数不胜数的打油诗、狂歌[1]和流言，生动地讲述了时代变迁下的人心流转。

在人心流转的背景下，所谓的幕末政权斗争的帷幕也由此拉开。毋庸赘言，这是以尊王攘夷和佐幕开国两条路线为基本对抗轴的。并且，当初曾作为目的的两条路线，不久之后被视作手段，一起涌入维新的浪潮中。

然而，这两条激烈对立的路线自身并未意识到，它们不期而然地培育出共通的视野。这便是以下"西洋"和"日本"的"发现"。

1　以滑稽、谐谑为主题的短歌。——译者注

"西洋"的发现

第一，日本兴起了想要认识西洋的风尚。直接与欧美诸国进行交涉和往来的幕府自不必说，诸藩和尊攘派的志士们也被激发起探究欧美的兴趣。

1854 年，为得到幕府的答复，佩里舰队再次驶抵日本，当舰队从浦贺行驶至下田时，吉田松阴曾尝试搭乘美国舰队偷渡出海，却遭遇失败，他在自首后被捕入狱。其实在前一年秋天，吉田就曾计划登上停泊在长崎的俄国军舰。但由于当时舰队已离港回航，他的愿望未能实现。驱使他采取如此行动的，正是"不审夷情何驭夷"的紧迫感（《于下田狱中示涩木生》，1854，收录于《幽囚录》）。

当我们读松阴的高徒、著名的尊王攘夷派志士久坂玄瑞的《九仞日记》时，会看到，1859 年秋，久坂和他的同道连日展开讨论：是否像往常一样只读"圣贤之书"即可？或者应该学习"蟹行书"（洋文）？正是由于身为武士心怀高远志向，他们在了解到"西洋却尽力于医院、孤儿院、济贫院三院"之事后，认识到必须要向西洋学习。

攘夷的急先锋——长州藩，也因此成为探求西洋的急先锋。1863 年，欧美舰船在通过下关海峡时，长州藩挑起了炮击洋船的事件，在情势紧迫之际，井上馨和伊藤博文等人得到藩的许可，以留学为由（伊藤是后加入者），秘密启程前往英国。

至于幕府，最早与欧美交涉则是在 1860 年。为交换《日美友好通商条约》的批准书，幕府首次派遣使节赴美（在此次赴美时，随行使节乘坐咸临丸横跨太平洋）。此后因各种外交交涉和视察，共七次派遣使节团访问欧美，此外，有四次主要派送留学生团。而且，在这些使节团中，也有几人像福泽谕吉那样并不属于幕府臣子，却在自愿的基础上作为随从而抓住了机会。

迫使人们将视线投向欧美的最主要原因，是双方之间的军事力量存在着不可逾越的鸿沟，以及基于差距而产生的危机感。因此，正如伊藤博文启程赴英国之际所抒发的：赴英是一场"暂忍大丈夫耻辱之旅"。由此可知，他们所感受到的欧美印象是极其强烈的。

幕末时期前往海外的日本人留下许多见闻录，分别被收录在日本史籍协会丛书的《遣外使节日记纂辑》全三册、《夷匪入港录》、《德川昭武滞欧记录》全三册、《涩泽荣一滞法日记》、日美友好通商百年纪念活动运营会编的《万延元年遣美使节史料集成》全七册，以及沼田次郎、松泽弘阳编的《西洋见闻集》（《日本思想大系》66）等文献资料集中。也有人像牡蛎般闭居壳中，不让人撬开其壳，以保护过去的价值意识。但是在一些人中，引人注目的是，他们怀有"不管什么都要看"的旺盛的好奇心，以及几近贪婪似的观察。于是，原本聚焦于军事力量的注意力，逐渐转向了解欧美技术、思想、风气、制度等文化力量，而这种转向并没有花费太长时间。探索的对象变成了他们学习的对象。

《西洋事情》

福泽谕吉作为思想家、著述家的起点，其实源于随使节三度访问欧美时的见闻以及所购的书籍。在他的著作中有一部《西洋事情》（1866—1870），是他幕末时期的代表作，该书在刊行前，就已作为手抄本而被争相传阅，出版后更是成为畅销书，甚至出现了盗版（由于这一经历，福泽提倡确立著作权），这部作品使福泽声名远扬，但同时也导致攘夷派视他如寇仇。在这部作品中，福泽用简明易懂的语言讲述了构成西洋社会的制度和理念，其中也流露出他迫切想要将其全貌介绍给日本民众的意图。

有关制度的介绍从政治开始，涉及收税法、国债、纸币、商人公司、外国交际、兵制、文学、技术、学校、报纸、文库（图书馆）、医院、孤儿院、聋哑人院、盲人院、精神病院、智障儿童院、博物馆、博览会、蒸汽机、蒸汽船、蒸汽机车、电报机、煤气灯，此外附录中还包括太阳历、时制、温度、度量衡、各国货币等。翻开卷首的"政治"部分，我们可以看到政治有三种形态：君主政体、贵族政体、共和政体，而君主政体则包含君主独裁制和立宪君主制两种样式。在福泽看来，文明政治的必要条件有八项，分别是：自主任意（自由）、信教自由、奖励技术与文学、普及教育、法治、社会设施。当这些概念和翻译的词汇一起被福泽提出来的时候，与之接触的人们受到了近乎使其眩晕的冲击。

紧追其后的则是理念的介绍。福泽设立"人间"一项，认为"生而为人，要发挥天所赋予之气力"，而在"家族"一项中，他则直言"男女居室，人之大伦也"。他那不以服从而以活动为基础的人间观，不谈父权的绝对却凸显一家团圆的家庭观，的确是一种崭新的想法。并且，他还将美国《独立宣言》中的"all men are created equal"翻译为"天生人，万民皆同一辙"。这句话后来成为《劝学篇》（1872—1876）卷首的"天不生人上之人，亦不生人下之人"。

福泽尤其对"liberty"概念的移植倾注心力。他认为，将其翻译成"自由"并不能完全说尽原意，于是将这个概念理解为"按自己喜好行事，毫无束缚之感""做事而无妨碍""相当于准许杀生等话中的'准许'一词""不做违心之事，而无不安之意"。甚至，为使人们能达到理解政治、出版、信仰自由等概念的范围，福泽竭尽全力地对这些概念进行解说。在发现"西洋"的最前端，这些书籍的诞生使"西洋即为文明"的形象铭刻于人们的脑海中。

岩仓使节团

众所周知，在明治维新之后的 1871 年至 1873 年，新政府向欧美诸国派遣出一个由岩仓具视担任大使的大规模的使节团。在政府的草创期，半数领导人离开日本将近两年时间，他们环游世界、遍访 12 个国家，这一做法看起来完全是破天荒之举，实际上也确实如此。但是，若从幕末时期业已开始派遣使节团、

岩仓使节团主要成员 1872 年在旧金山合影

留学生这一脉络来思考的话，这并非一个完全孤立的、超出常规之举，而是在那延长线上，一个朝气蓬勃的国家倾注浑身力气所展现出的壮举。

使节团主要围绕三个目的开展活动：遍访各国元首、探询条约修改、调查和研究欧美的制度与文物。不过，使节团成员的过半精力都投入在第三个目的上了。这次出访的报告书——《特命全权大使美欧回览实记》（1878）是由久米邦武编撰而成的，它既是一部旅行的游记，也是一部对所访之地的社会政治、经济、风景、人情、风俗进行全面而详细观察的记录。在作者笔下，也屡屡展开比较文化论，并配有不少铜版画，将读者引向了往日的旅程之中。而且，在这个使节团中，还有津田梅子、

中江兆民等 59 名留学生同行。从这个意义上说，岩仓使节团是
宣告大留学时代到来的晓钟。

中国观的转换

"西洋"的发现也与中国观的转换相关联。这个转折点便是
1840—1842 年爆发的鸦片战争。吕万和在其著作《明治维新与
中国》（六兴出版，1988）中，巧妙地概述了鸦片战争对日本产
生的影响。有关战争的消息很早就传到了日本，不仅有手抄本
散布信息，还有几本相关书籍刊行出版，当时的日本社会受到
了"中华败北"的文化冲击。其中影响极大的是魏源的世界地
理志《海国图志》全 50 卷（1842；后增补为 60 卷本，1852 年
又扩充为 100 卷本）。魏源是中国清代学者，也是一名地方官，
曾参加过鸦片战争的他基于海防思想编撰了这部巨著，该书对
日本造成的震撼甚至超越了其在中国的影响。[田中彰、宫地正
人校注的《历史认识》（《近代日本思想大系》13，岩波书店，
1991）中有关于该书及诸种翻刻本的解说。] 吉田松阴曾恳请来
狱中探监的兄长抄写该书。因鸦片战争而产生的危机感，一言
以蔽之，那就是清国之"前车已覆，后车当戒"（吉田松阴，《写
于琼杵田津话之后》，1848，收录于《未焚稿》）。1851—1864
年爆发的太平天国运动当然也引起日本社会极大的关注。

实地见闻也促使日本人的中国观发生了转换。松泽弘阳在
《近代日本的形成与西洋经验》（岩波书店，1993）一书中指出：

"'探索'西洋之旅及最初和西洋的邂逅，同时也是访问中国、探访本土和海外中国人社会的旅程，是初次邂逅中国之旅。"在探索西洋之旅中，日本人从西洋人视中国人为牛马的观察，到发现租界内的清洁和租界外的脏乱形成对比，这种西洋与中国之间的强烈落差，鲜明地映照在每个人的眼中。正如曾访问过上海的涩泽荣一所记载的，当时的中国以中华自居的态度，不过被视作"妄自尊大"罢了（《涩泽荣一滞法日记》）。松泽对这段历史做了详尽的考察，并得出结论，认为这一时期是日本中国观发生"巨大翻转的时期"。

"日本"的发现

以佩里叩关为契机而培育出的第二个共通视野，是"日本"的意识开始萌发，并显著地发展起来。"西洋"的发现也带来了"日本"的发现。

一般认为，"日本"的国号是在 7 世纪后半期以组合的形式与天皇的称呼一起被确立下来的（纲野善彦，《日本论的视点：列岛社会与国家》，小学馆，1990；吉田孝，《日本的诞生》，岩波书店，1997）。但是，在当时人们的头脑中，并未普遍地形成今天我们所持有的那种"日本"意识、"日本人"意识。

就近世而言，可以从两点进行探讨（植守通有，《日本近代思想的形成》，岩波书店，1974）。第一，"天下"的概念反而通用于近世。尽管称作"天下"，但人们所想象的空间并非无限的，比起能明确区分本国与他国的"日本"这一称呼，"天下"
是一种极为模糊的空间意识。第二，藩作为一个实质性的单位，
通常来讲，所谓的"国家"或"国"是指藩。一方面，对武士
阶层而言，藩主是他们效忠的对象；另一方面，民众被置于领
民或村民的地位，由于身份制，他们参与政治的路径被切断了。
随着时代的变化，人与物的移动逐渐盛行，与此同时，信息传
播的速度也更快、范围更广，从制度的原则来看，很难从藩的
对面看到"日本"的身影。

　　而从 18 世纪后半期起，这种状况开始发生变化。从思想层
面来看，有两方面的原因促成了这种变化。一是，当西洋列国
的舰船开始出现在日本近海时，"西洋"逐渐进入了人们的意识
中，这点毋庸置疑。林子平的《海国兵谈》（1786）典型地展现
了人们的反应，那就是海防意识的增强。我们从该书的自序中
可以看到，在对照"外国"时，人们产生了清晰的"日本"认
识。这也转换为锁国的意识。志筑忠雄翻译了坎贝尔（Engelbert
Kaempfer）的一部分《日本志》，这部节译的《锁国论》（1801）
因首次提出"锁国"一词而被熟知（原文直译为"锁闭的日本
帝国"）（杉本孜，《日本翻译语史研究》，八坂书房，1983）。原
作正文开头的提问被翻译成"现在的日本人锁闭全国，无论在
国内抑或在海外，其国民皆不得与异域之人通商，此事究竟利
害如何"，我们从这里可以窥探出，译者透过坎贝尔的目光，在
提出开、锁国讨论的同时，也促进了以"日本"为单位的思考
方式的形成。二是，近世以本居宣长为集大成者的国学也异军

突起。正如本居宣长在其代表作《古事记传》(1764 年开始着笔，1798 年完成) 中所揭示的，国学是为了去除覆盖于日本的"汉心"("凡以汉为尊者之心")，从而探求日本的古语、古意、古道，树立与"唐国"相对的"皇国"意识，从这个意义上说，日本国学的兴起具有划时代的意义。

　　进入 19 世纪后，水户学[1]的兴起，使海防意识和皇国意识二者联结在一起，会泽安（会泽正志斋）的《新论》(1825，《新论·迪彝篇》) 被视作水户学的代表作。在这部著作中，会泽称日本为"神州"，并将尊王和攘夷结合起来，提出了"国体"的观念。在该书出版的前一年，英国捕鲸船的船员登上大津口岸，会泽遵从藩主的命令与英国人进行笔谈。这些经历促使他产生了一种危机感，而 1825 年幕府发布的外国船只驱逐令更使他的危机意识再次高涨，并最终完成了这部作品。原则上，会泽撰写该作是为了向藩主陈述自己的主张，不过该书却通过各种各样的手抄本在社会上流传开来。

　　在日本人意识到西洋存在的同时，兰学[2]的有用性再次强烈地冲击着他们的头脑，并涌现出渡边华山、高野长英等先觉者。与此同时，幕府也设置了专门从事翻译、研究的部门——番书和解御用局（东京大学的最初起源）。日本的兰学在天文学、医

1　因在日本水户藩编纂《大日本史》过程中形成的学派，以曾到江户讲学的明代学者朱舜水的学说为中心，综合了国学和神道，倡导尊王和大义名分。——译者注

2　18—19 世纪日本锁国时代通过荷兰人传入的西方科学文化统称兰学。——译者注

学、地理学方面留下了伟大的成就。这一时期，知识分子关注的重心逐渐从西洋情况转向地理学。在华山的《初稿西洋事情书》《再稿西洋事情书》《外国事情书》（皆写于 1839 年）、长英的《戊戌梦物语》（1838）等（收录于《华山·长英论集》）中，"日本"被视为世界诸国中的一个国家。

佩里叩关使这种开始高涨的"日本"意识达到顶点。正因为有这种危机感，"日本"意识才会一再超越其本质而逐渐膨胀，并进一步激发起"皇国"意识、"神州"意识，这些都是水户学提出的表述形式。开眼看世界即横看水平方向，唤起了人们对垂直方向即历史的关心，那是人们可依仗的主轴，它增强了日本人对光荣的"上古"时代以及被视作独特性体现者的"天皇"的景仰之心。如此一来，"天下"与"异国"的那种普通关系，转变为"皇国"与"夷狄"这种充满紧张感的关系。这种意识后来凝结为尊王攘夷思想，最终有力地促成了以天皇为象征的明治维新，并成为天皇制国家建立的力量源泉。从这个意义上说，它奠定了之后日本人被捆绑于国家的基础。

超越幕藩体制的视野

与此同时，从幕末时期来看，开眼看"日本"在两个方面使幕藩秩序走向解体。

一方面是产生了能够超越藩的意识。对武士而言，这意味着效忠对象的改变，当然这种改变也伴随着内心的矛盾。但最终还是形成了一种意识，就如长州藩的久坂玄瑞在寄给土佐藩的武市瑞山的信中所写的那样，"尊藩也好，破藩也罢，即便灭亡，大义存则不忧"（1862年正月21日信件）。他们以身为志士的自我认识为支撑，超越了藩的框架。伊藤博文在偷渡英国之际所作的短歌"正是为了皇国"，就是这种意识的归结。武士脱藩、跨越藩而形成联合，在这种日常化的另一边，"日本"统一的问题也纳入了人们的视野。

如果说这是走在打破割据制方向上的话，那么，打破身份制的意识也开始在人们脑海中形成。通过邂逅西洋，人们迅速意识到身份制所具有的弊端。从门阀之家的立场来看，情势已变得难以应付，不仅如此，如同"一藩之中有人种之差异"［这是福泽谕吉在其作品《旧藩情》（1877）中所使用的表达，福泽在该书中以其故乡中津藩为例，描述了近世身份制的实际状况］般，身份制将人们分裂开来，在如此形势之下，涌现出一种无法对抗欧美的危机感。

偶然间耳闻目睹了西洋的社会百态，更加强了人们想要打破身份制的意识。在幕府最早派遣的访美使节团中，有一位叫玉虫左太夫的仙台藩士，他是正使的一名随从。他所写的《航美日录》可谓是使节团见闻记录的翘楚（收录于《西洋见闻集》），其中，他也谈到了同船美国人的行动方式和人际关系，我们从中可以看出，曾被视作社会关系前提的身份制秩序已经在他的心中产生动摇。玉虫在震惊中发现，美国提督和水兵之间"上下相混""如同辈般"，这种关系产生出一种"万一有事则各尽其力相救"的亲密感。于是,他意识到,不应再蔑视美国为不懂礼仪之邦,相反像日本那样,仅严守礼仪,居上位者却"蔑视居下位者",如此一来,"一旦有危机,谁能尽力乎",这种体会加深了他的危机感。为此,玉虫按照时间顺序,从其所著的七卷中摘录出需要远虑深思之处,另设为第八卷。其中更是数次记载了此类感受。他这样说道:"彼素来疏于礼让,然其患难相扶、祸福与共,再则彼此上下无别……故亦有其国昌盛哉。"

于是,人们的认识发生了转变,即身份制的废除会带来国家的兴隆。首先出现了一种讨论,那就是打造关心国家命运、积极参与国家建设的人民,即"国民"。据说在戊辰战争中攻打会津藩时,作为参谋的板垣退助"目睹殉国者不过五千士族而已,农工商之庶民皆予以支援而无逃避之状",痛感到上下阻隔的弊端,于是产生了伸张自由民权的初心(《自由党史》,1910)。福泽谕吉在《劝学篇》中举桶狭间合战的例子,论述了织田信长之所以能击毙今川义元而获胜,那不过是因为专制政治下的人民将自己视作"客人身份"罢了。

还有一种讨论所讲的是能力重于身份。从当时志士的书信和献策中,几乎无一例外地会看到"广招宇内贤才""破格举用贤才""不拘前格用人才"等话语。这些论说最初是为了捍卫身份制,但最后却打破了身份制的原则,成为一种悖论。然而,封印一旦被解除,绝不会再次闭合。打破身份制原是一种手段,后来却成为必然的趋势,转换为人们意图实现的目的。被认为是坂本龙马所著的《藩论》（1868）中有这样的主张："人固以智愚分贵贱，以贤不肖分尊卑。"这些志士展开这样的讨论，虽然是批判门阀士族的无能，但也促进了身份制的被打破。

日本近代思想的土壤

从佩里叩关至幕府倒台，这十四五年时间是思想上激烈变动的时期。可以说，形成其思想基础的就是"西洋"的发现与"日本"的发现。前者包含学习西洋、对抗西洋，以及与之相伴而产生的中国观的转变；后者则包括以下主张：抱持着皇国意识而谋求独立和统一，打破割据制和身份制以打造出"国民"，建立能力本位的社会。如此一来，二者通过各种方式，在个体中不断搏斗并得以升华，并由此展开了日本近代思想。从这个意义上说，幕末的时代不仅培育了日本近代思想的土壤，同时也提出了日本近代思想的课题。

第 2 章

启蒙思想

国家的建设与"民心的改革"

在维新之后，日本便开始了国家的建设。废藩置县，废除使人们在生活各个方面受到限制的身份制，保障迁徙的自由，普及义务教育制和征兵制，确立私有权，并在此基础上，实行以地税改革为首的新税制，创办各种产业，建设首都，统一货币，开创邮政制度，更改时制，铺设铁路，修筑港口……种种新建事业不胜枚举，使人仿佛听到了那敲响国家建设的锤声。在维新改革之后的 19 世纪 70 年代，日本社会弥漫着施工现场所特有的那种杂乱与生机。

最初，在建设国家时，并没有完整的设计图，很多时候是一边施工一边描绘设计蓝图，朝令夕改那样的试行错误常常在所难免。许多从事国家建设并被称作外国雇员的设计技师和现场指挥者，主要是从欧美诸国延揽的人才。建设机械和材料也几乎都是从外国拼凑汇集而来的。

的确，对速度的追求是无止境的。现在我们或许难以想象，当时的日本与欧美列国之间究竟存在着多大的落差。因而，自幕末时期发现"西洋"以来，"西洋"理当成为日本追赶的目标，同时也是日本需要抗衡的对手，换言之，日本人逐渐意识到"西洋"既是榜样，也是竞争对手。在如此急速地开展国家建设之际，从外观到内部设计，文明开化规定了国家建设的样式。

与国家这一建筑物的建设相呼应的，是培养其居住者，而力图打造这些居住者的思想，在今天被称作启蒙思想。

担当培养职责的人因此被称作启蒙思想家。其中，福泽谕吉是举世公认的日本最伟大的启蒙思想家，在前引的那封写给马场辰猪的信中，紧接着"思想之躁动未止"一句，他这样写道："此后亦有日益持续之势。乘此旷古未有之好机会，一扫惑溺之旧习，开辟新环境，以图民心之改革。"启蒙思想家的出现意味着，具有这种使命感和自负心的经世致用的知识分子开始诞生。

明六社

这些启蒙思想家的结社即为明六社。1873 年，担任驻美特派公使的森有礼归国，欲发起建立一个类似于美国学会的组织，由此而结成"明六社"。社名则源于发起年为明治六年的缘故。

创始社员有西村茂树、津田真道、西周、中村正直、加藤弘之、箕作秋坪、福泽谕吉、杉亨二、箕作麟祥、森有礼十人，福泽

西周（1829—1897）

曾被推举为社长，但他坚决推辞，于是由森有礼担任。多数社员最初所学的是兰学，后转至英美学和德国学、法国学，他们中的大多数人是拥有留洋经历的洋学家。由于他们学识渊博，几乎所有的人都被幕府拔擢，维新以后，除福泽谕吉以外，他们皆作为新政府的官僚担负着推行开化政策的工作。之后，神田孝平与津田仙等人也加入了进来。他们多在40岁左右，而最年轻的森有礼虚岁仅27岁，却成立了这样一个由年长者所组成的洋学家团体。这群著名知识分子的创举，受到了社会的瞩目。

　　明六社创立的次年，社员们制定了"明六社社规"，社的"主旨"定为以下两条：第一，"为推进我国之教育，有志之徒共同商议其推进之方法"；第二，"同志会集一起交换各自意见，增长知识"。如此看来，明六社并不限于知识分子之间的相互切磋，而是致力于推进广义的教育，即"民心之改革"。日本的启蒙思想以集结于明六社的知识分子为核心而发展开来。［关于明六社的研究成果，可参考大久保利谦的《明六社考》（立体社，1976）。］

为达成这个目的，社员们将会场设置在精养轩，每月两次会集于此，依次进行"谈论"，并将所谈内容记录下来刊行发表。前者随后变为公开讲演会，后者则发展成机关杂志《明六杂志》（全43号，1874年4月—1875年11月）。明六社讲演会与庆应义塾的三田讲演会并列为开化东京的两道独特风景。不仅如此，讲演会本身是对怀疑能否用日语进行"speech"（讲演）的一个挑战。《明六杂志》虽是一本仅有20页左右的小册子，但却是日本最早的思想杂志，或可以说是最早的综合杂志。该杂志曾表示，其平均每册的发行量达到3205部。（《明六杂志》全文收录于《明治文化全集》杂志篇。）

"西洋"的导入

那些致力于"民心改革"的启蒙思想家，主要奋斗在两方面的活动上：一方面，力图介绍并引入有关国家及社会的制度、机构、学术、思考方法，这是"民心改革"的目标；另一方面则是以增长以上见识为中心，力求改造人们的风气。启蒙思想家将二者结合在一起，极力转变了人们的视野。

而《明六杂志》则记载了他们活动的足迹。

通览该杂志，首先引人注目的是，对欧美制度与学术的介绍，以及以此为基准而力图改革日本制度与学术的相关讨论。从论述以建立民选议院为主的言论自由和刑罚观等的政治论，到以财政、货币、贸易为主题的经济论，到围绕夫妇、妻妾、废娼等议题的男女道德论，再到从历史中寻求经验和教训的史论，到思考信教自由和树立国教的宗教论，又到主张采用平假名和罗马字的文字改良论，以及那迫使人们的天狗观和地震观发生变化的自然科学论，他们的讨论可谓是海纳百川、包罗万象。其中，也有像中村正直的《西学一斑》、西周的《知说》那样想要介绍或树立学问论体系的论说。而西村茂树在题为"西语十二解"的一文中，对"文明开化""自主自由""权理"等词语首次进行了阐释。这些启蒙思想家之间的论争也有不少，但社员们更想通过这些论争，从正面否定那些既有的制度和观念。

我们可以从西村茂树的《贼说》一文中看到这样的例子。这篇文章促使人们去改变有关反叛的认识。那种"与天子为敌者""皆云贼"的看法，被西村斥为"人君独裁国之风习"。由此，他提出了自己的主张：那些因君主的暴政和意见分歧而反抗政府的人不应该称之为"贼"。他极力反对给反叛者无条件地贴上暴虐无道的标签。他的文章中透露出一种容许反抗权利和反对党存在的态度，至少认为不应将反叛者处以重罪。从这一点上来看，这样的论述恰恰符合启蒙之名。

只有从各个方面拭去独裁国的印记，日本才会作为文明国家中的一员而得到认可，启蒙思想家正是被这样的想法驱使。

因此，他们有关导入欧美制度方面的发言，其实都是在意识到欧美看日本的视线后，力图对日本进行矫正的思想脉络中形成的。津田真道在《拷问论》中这样论述道："若不废刑讯拷问，遂不能与欧美各国并驾驰骋。"而森有礼在《妻妾论》中也指出，若不改变"以女子为男子之玩具"的状态，"外国人则视我国为地球上一大淫乱国，此或许非诽谤也"。

风气的改造

启蒙思想家在导入"西洋"的同时，还从事着另一项活动，那就是改造人们的风气。反过来可以说，这一点才能体现出他们的本领。这一方面的论说主要有中村正直的《改造人民性质说》《造就善良母亲说》、西周的《国民风气论》《人世三宝说》、津田真道的《情欲论》等。

在那篇题为"国民风气论"的文章中，西周不仅痛斥了日本人的风气，还论述了改变风气的必要性。他就所谓亚洲式的专制发表了自己的看法，随后明确指出："其中至于我日本国，自神武创业以来皇统连绵，兹奉戴二千五百三十五年君上而自视为奴隶，其状与中国相比尤甚"。天皇的存续本身反映出日本人身上所体现的奴隶情结是如何的根深蒂固，他的这一论断可谓犀利深刻。如此一来，曾被视作日本人美好品质的"忠谅易直"（尽诚而素朴的意思），即便在专制政府下被称为"极最上上乘风气"，但在"开始与外国之交际……以智力胜过威力之浮世"

的今天，它不过是"无气力"的代名词罢了，由此看出西周对这种风气的排斥态度。这种认识也促使他提出了改造风气的方策，那就是提高人们的法意识（即权利意识）。

中村的《改造人民性质说》一文也几乎是以同样的论旨来进行探讨的。为去除"人民"的"奴隶根性"，他提出了设立民选议院的方案。而《造就善良母亲说》一文也秉承了前文的论旨，提议女性应同男性一样接受同等的教育。他主张，为诞生出在精神上和身体上都强壮的并能担负起未来日本发展的孩子，必须首先要将女性打造为"善良母亲"。这一主张被认为是中村提出的良妻贤母论，成为后来将女性置于"母亲"位置进行讨论的源流，也意味着过去根据《女大学》训诫女性服从的女性观发生了转变。中村后来开设了同人社女子学校，并致力于女子教育。

对力图去除奴隶根性的启蒙思想家而言，在读洋书时邂逅的词语"individual""individuality"似乎带有独特的新鲜感，使他们的身心受到了极大的震撼。最初，他们并不能体会这类词的含义，词典中将其译作"有分别地"等（神岛二郎，《近代日本的精神构造》，岩波书店，1961）。西周则译为"人人""每一个人"（前者出现在《国民风气论》中，后者出现在《人世三宝说》中），中村译作"独自一个""各自一身""人民各自"（《自由之理》，更含糊其词的则译为"人民"），而福泽则翻译为"独自一个人之气象"（《文明论概略》）。当看到这些不同的翻译时，读者一开始会觉得莫名其妙，但慢慢地会感到这些词语正逐渐显现出它们的轮廓，并使人带着欢喜的表情来理解：这才是关键词啊！随之，读者的眼前便会浮现出他们倾尽全力探索词语含义的情景。[即便如此，"社会"的观念还是超出了当时人们理解的范围，中村在《自由之理》中将"society"译作"政府"（冈田与好，《自由经济的思想》，东京大学出版会，1979）。]

如此看来，无论是导入"西洋"也好，还是改造风气也罢，启蒙思想家不惜采取类型化这种激烈的方式，急于将日本的过去视作否定的对象，主张摆脱过去。一方面，这时所导入的西洋被视为模范，他们主要着眼于摄取西洋所体现的文明；另一方面，在改造日本时，西洋更多地被视作对手，当面对西洋时，一种民族主义的情绪开始萌芽，并逐渐培育出来。如此一来，他们将日本人立足于文明开化和民族主义的两端，质言之，将他们打造成"国民"，是启蒙思想家的目标。

在提出这些主张的时候，论者的脑海中常常萦绕着亚洲的问题，那是他们理应否定的价值。那被称作"亚细亚""支那"或是"葱岭以东"的地域，几乎无一例外承载着一种专制和蒙昧的印象，因此，谋求文明开化和民族主义的意图，与使日本从落后的亚洲中脱离出来的志向连接起来。在福泽后来所作的《脱亚论》（1885）中便可窥探到这种思想的典型。

明六社的群像

启蒙思想家原本并非只以结社形式进行活动。相反，他们每一个人在思想和文化方面都是开拓各自领域的奠基人。

西周以翻译出"哲学"一词而名闻天下。他出身于一个侍奉石见国津和野藩藩主的医者家庭，在幕末的风云动荡中，脱藩后的西周专心于洋学的学习，并作为幕府留学生前往荷兰留学，成为最早正式学习西洋人文、社会科学的一名日本人。正如《百学连环》（对 Encyclopedia 的翻译，1870）这部讲义所展现的，西周可谓是最具百科全书派式学风的学者，他所论的百教统一于哲学的《百一新论》（1874）是其代表作。他在山县有朋的手下，制定征兵令，并参与了《军人训诫》的起草，后来明治政府发布的《军人敕谕》便是在此基础上制定出来的。

中村正直（号敬语）出生于幕府"同心"[1] 之家，曾作为儒者出仕，后学习洋学，幕府向英国派遣留学生时，他担任领队一同赴英。1871 年，他将塞缪尔·斯迈尔斯（Samuel Smiles）的 Self-Help 翻译成日文，起名为"西国立志篇"。翌年，又将约翰·斯图亚特·穆勒（John Stuart Mill）的 On Liberty 翻译为《自由之理》出版。其中，前者是一部描述多名实现"自助"的成功者的传记，该书鼓励人立志自强，由此获得许多读者的青睐（松泽在《近代日本的形成与西洋经验》中就二书的翻译方法和受欢迎程度做了详细解说）。中村也对基督教怀有兴趣，著有《拟西洋人上书》（1871），其中论述了基督教的解禁问题（1873 年基督教被

---

1 "同心"是江户时代幕府官吏职务的一种，是"与力"（捕吏之类的官员）下属的下级官员，主要负责警察、庶务等。——译者注

解禁），不久之后他接受洗礼成为基督教徒。在他思索的足迹中有一显著之处，那就是他用儒教"天"的观念来理解基督教"神"的观念，他是首次使用"敬天爱人"这一词语的日本人。

加藤弘之出生于但马国出石藩（兵库县出石郡）的一个藩士之家，最初他师从佐久间象山学习兵学，不久开始学习兰学，并对法学深感兴趣，后又学习德语，成为德国学的先驱。他从一名幕府臣子转投至维新政府，成为新政府的官僚，先后担任东京大学综理、东京帝国大学校长。在他初期撰写的《立宪政体略》（1868）、《真政大意》（1870）、《国体新论》（1875）三部作品中，他从天赋人权论的立场大致介绍了立宪政体的概略，论述了其实行的必要性，并对国学者予以尖锐的批判。后当自由民权运动兴起时，他摇身一变，不再出版发行自己早期的著作，而是发表了《人权新说》（1882），断言天赋人权论为"妄想"，主张优胜劣汰，并卷入与民权派论客的论争。此后，他对社会达尔文主义进行归纳总结，撰写了《强者的权利竞争》（1893），甚至主张强者的权利乃自然权。晚年时，他还对基督教展开了激烈的批判。

西村茂树（号伯翁）原是下总国（千叶）佐仓藩士，曾担任文部省编书课课长，着力推动了《文部省百科全书》翻译、出版工作的进行。该书是英国的威廉·钱伯斯（William Chambers）和罗伯特·钱伯斯（Robert Chambers）兄弟编纂的百科全书，西村担负起了这项翻译工作，并将其视作一项国家事业（福镰达夫，《明治初期百科全书的研究》，风间书房，

1968）。西村是明六社成员中儒教色彩浓厚的一名启蒙思想家，之后他欲以儒教为中心恢复国民道德，兴办了日本讲道会（后发展为日本弘道会），这些思想都体现在他的代表作《日本道德论》（1887）中。

津田仙也是一名旧幕府臣子，参加过戊辰战争。1873年，他作为随行人员抓住了参加维也纳世界博览会的机会，后从事农业研究，并于次年出版《农业三事》一书，是西洋农法的介绍者。1876年，津田开办了学农社农学校，其发行的《农业杂志》提倡抛弃经验主义式的农耕方法，在寄生地主制确立之前，给富有进取心的上层农民以强烈的冲击。此后，津田接受洗礼成为基督教徒，积极地推行禁酒运动。津田梅子是他与妻子初子所生的女儿。

以上仅对明六社成员中一些思想家及其思想进行简单的概括，今天虽然很少有人会去读他们的著述，但这些先驱的思想却为我们留下了难以磨灭的足迹。[大久保利谦编的《明治启蒙思想集》（《明治文学全集》3，筑摩书房，1967）中收录了他们的著作，读者可参阅。]

福泽谕吉与"一身独立"

在导入西洋和改造民心方面，明六社成员中提出最具综合性构想且影响力最为巨大的启蒙思想家，非福泽谕吉莫属。他不仅是著述家，还是创建庆应义塾的教育家、学校经营者、名为福泽屋谕吉的出版人、创办《时事新报》的报人。他的《福泽谕吉自传》（1899）堪称日本自传作品中的杰作，生动地描述了他的一生，尤其是其前半生。福泽很早就失去了父亲，是一名出身于下级武士家庭的次子，正是由于对自己身世的感怀，才使他写下那句有名的"门阀制度乃父母之敌"。

福泽著作等身，这是众所周知之事。除以上提到的《西洋事情》《劝学篇》外，还有堪称其代表作的《文明论概略》（1875），以及诸多时事评论、教育论、女性论、处世论等作品。[《福泽谕吉全集》全21卷＋别卷（岩波书店，1958—1964年初版，1969—1971年再版）收录了包括书信在内的作品。若考虑携带方便和易读的话，《福泽谕吉选集》全14卷（岩波书店，1980—1981）更方便读者阅读。此外，山住正己编的《福泽谕吉教育论集》则收录了他的教育论。] 在这里，主要谈一下构成福泽启蒙言论核心的"民心改革"。

提到福泽谕吉，读者脑海中会浮现出"独立自尊"四个字。这并非福泽自己的话，而是他的弟子们在概括其师思想精髓后想出的一个新词，不过，这一词却恰好道破了福泽思想的本质。比起其他提倡的德目，"独立"才是福泽高举的旗帜。在《劝学篇》中，他曾主张"一身独立"，为此他论述了努力向学和恢复气力的必要性。对福泽而言，一身独立是一国独立的基础。"国与国虽为同等，然国中之人缺乏独立之气力时，将不能伸展一国独立之权义"。他当然意识到日本正屹立在世界面前。在这种意识的驱使下，他要将封建制度下那些惯于服从的人改变为具有"独

1860 年，福泽谕吉在美国旧金山和当地
摄影师 12 岁的女儿西奥多拉·艾丽斯·休
(Theodora Alice Shew) 合影

立气力"的人。

到后来的《文明论概略》，这一主张变得更为强烈。在"日本文明的来源"一章中，福泽指出，日本社会存在"权力的偏重"，不仅如此，不论是剖开政治方面，还是展开社会的任何一面，都可以窥破其中"权力偏重"的面貌。他连珠箭似的论述道：

现在根据实际情况来谈谈偏重之所在。哪里有男女之关系，哪里就有男女权力之偏重。哪里有父子之关系，哪里就有父子权力之偏重。兄弟的关系上如此。长幼的关系上亦如此。走出家庭，放眼世间，无不如此。师徒主仆、贫富贵贱、新手老手、嫡系旁系等，其中无不存在权力之偏重。

福泽将处于这种状态的日本人批评为"精神奴隶"，并直言不讳地指出"日本有政府而无国民"。所谓"mental slavery"是穆勒在《论自由》中所使用的词语，而将"精神奴隶"转变为"国民"，则是福泽致力于"民心改革"的方向。思想史学者丸山真男在《读〈文明论概略〉》（上、中、下册，岩波书店，1986）中将此理解为，使日本人从"惑溺"中解放出来。在福泽的笔下，无论是提倡具有"气力"的"中等社会"培育论，还是痛击男尊女卑、促使女性"身心皆强壮"的女性论，都展现出他对"独立"所怀有的执着之心。

启蒙思想家的言论活动旗帜鲜明地否定既有的价值观，从而使日本的知识土壤产生了裂缝。他们对那些历经幕府倒台、新政府建立等一系列时代转换的人们产生了巨大的影响力，并由此而引发了自由民权运动，当然倡导者本人最初未必会想象到这一"魔物"的出现。到此，启蒙思想家奋斗的使命正式结束。

文明史论

启蒙思想家开启了从文明进步的视角审视历史的看法。以上所引用的福泽的《文明论概略》，特别是其中"日本文明的来源"一章虽不是系统性的历史叙述，但却是一篇精彩的纵论日本文明特质的文明史论。当巴克尔（Henry Thomas Buckle）的《英国文明史》(*History of Civilization in England*) 和基佐 (François Pierre Guillaume Guizot) 的《欧洲文明史》(*Histoire générale de la civilisation en Europe*) 陆续被介绍到日本并被翻译后,"文明史"(History of Civilization) 的范畴也随之确立起来。

文明史契合了人们想要从文明的角度重看历史的内心渴望,这一时期出版了好几本以"文明史""开化史"冠名的书。田口卯吉的《日本开化小史》(1877—1882) 便是其中的翘楚。

田口是旧幕臣之子,他曾学习过经济学,在 20 岁左右时开始写作。1879 年,25 岁的田口创办《东京经济杂志》,后成为自由党机关报《自由新闻》的撰稿人。作为一名民间经济学者、报人,田口留下了巨大的业绩。他对历史也有强烈的兴趣,曾创办《史海》杂志,并刊行《群书类从》,还编辑和出版了正、续篇《国史大系》。

在《日本开化小史》中,年仅 20 多岁的田口用汉文撰写的"自序"充分展现了他怀揣的抱负。他这样写道:"历史者古来之评也……史家之苦辛,不在于收集历代许多之状态,而在于究尽其状态之所本也已。"也就是说,他并不旨在收罗广泛而丰富的资料,而是要从自己的视角来把握过去的本质。

那么,田口的视角是什么?"凡人心之文野(文明或野蛮——引用者)与取得货币财物之难易相辅相成难以分割,经济富裕即无人心未开之地,人心开化则无经济贫穷之国。"田口以这种物质上的丰富与人心的开化为其论点,来探寻人类如何通过努力获得物质和精神上的财富,对他而言,这才是书写历史的意义。

这部作品正是带着这样的目的意识，按照经济、政治、社会、文化、宗教、风俗变化的关联顺序，生动地描绘了维新以前的日本历史。文明史的写作方式仿照以世纪叙述历史的欧洲史书，不使用年号，而采用日本纪元几千几百年代这样通观时代的书写方式。

"盖求生避死乃所有动物所存之天性也。"出于这一愿望，人类追求幸福，而这也造就了人类的开化，对这一根源进行探寻正是贯穿于《日本开化小史》的主题。因此，人民在多大程度上达到幸福，成为田口评价各个时代政权的标准，他将人心的归结状况视作历史发展的动力。

田口的这种历史观与名分论式的历史叙述截然不同。在之后的"国史"教育中，"建武中兴"（现在通称为"建武新政"）可谓是评价忠臣与逆臣的典型事件。关于这段历史，田口在论述完人心期待武家之世后，断然舍弃忠臣与逆臣的叙述，并这样评论道："位于如此人民之上的如此政府，应知其不能永保长治久安。是以亲政之名亦不足以维系武士之心，天皇之纶言被人轻视亦是易如反掌……"点缀于全书的"进步"二字，成为该书的关键词。

步入翻译时代

启蒙思想家开创了翻译的时代，从这一点来看，它给近代日本知识环境的形成带来决定性的影响。在学习那些诞生于欧美社会的思想和技术（二者并不能截然区分）时，比起通过留学和讲解"原书",翻译可谓提供了一个更为宽广的途径。不仅如此,通过翻译,新的观念世界(反过来说,通过翻译这种带有先入之见态度的方式,可使人理解原有的观念)展现在人们的面前。而且,若没有翻译词语的话,我们几乎很难去进行思考活动和意思传达。

　　不过,将翻译视作摄取外来文化(这种说法形成的前提,是在一定程度上形成了具有共通性的文化,即"内"的确立)的主要手段,并非始于19世纪后半期。生活在这座列岛上的人们,比起声音交流,通过文字移植文化更被看作常用的方法。自古以来,日本人用一种日本所特有的阅读方法来理解中国的文献,那就是不变动文字,采用返点、送假名等训点方式来阅读汉文。近世以后,兰学因杉田玄白所著《兰学事始》的传播而广为人知,这极大地开拓了翻译文化之路。正是由于奠定了这样的翻译基础,发端于启蒙时期的翻译活动才会涌入时代的洪流。此时的外语教育几乎纯粹是以日译教育的方式来推行的。与日本源源不断地输入外来文化,以及日本人展露出对知识贪婪的渴求一样,翻译也可以看成是日本在教养方面的脱亚入欧。

　　为何会出现翻译时代?加藤周一的《明治初期的翻译——何故、什么、如何翻译?》[加藤周一、丸山真男校汪《翻译的思想》(《近代日本思想大系》15,岩波书店,1991)]清晰地解答了这一问题。加藤在文章中这样指出:"在19世纪后半期明治维新前后三四十年间的日本社会,政府和民间一同将浩瀚的西洋文献翻译成日语……在如此短的时间内,将如此多的重要文献几近准确地翻译完毕，其中，就译者所具有的文化程度来说，一些概念还属未知，这项翻译事业实在令人惊叹，可以说是一项近乎奇迹的伟业。"为何翻译能够进行下去呢？加藤列举了翻译的必要性和翻译的能力两项条件。

就翻译的必要性而言，加藤指出，日本有必要了解西洋的情况，这是因为西洋是日本交涉的对象及制度改革的模范。而关于翻译能力，他也分析出三个原因：（1）日语词汇中含有丰富的汉语表达；（2）日本曾有兰学家翻译荷兰语文献的经验；（3）日本的社会和文化具有高度洗练（sophistication）的风格。加藤又从翻译能力这一点提出了如何转换词汇的问题。而他的回答同样也显示出了其所具有的宽广视野，即：（1）借用兰学家的翻译用语；（2）借用中文翻译的词语；（3）移用古典汉语的词汇；（4）新造词语。

以上这些都为翻译时代的出现提供了条件。但是，也因此几乎难以避免地为日本的近代带来文化上的双重结构，即翻译语言的世界和日常用语的世界。在原本的意思和所对应译文的含义之间，不只是存在着偏差。将那些西洋社会中源于生活并已发展成熟的各个词语视作已经完成的词语，只截取观念的尖端部分将其转化为日语，这是翻译所肩负的使命。专门研究翻译论的思想史学家柳父章从很早以前就关注到了这个问题。

他的著作《翻译语的逻辑：从语言来看日本文化的构造》（法政大学出版局，1972）就阐明了这个问题。柳父这样说道："如果没有翻译语言，只有我们自己的日语是无法满足书写的。""尽管如此，这些翻译语言在今天仍然没有完全成为我们的语言。一言以蔽之，这些语言虽然用作书面语言，却并不用于口语。""当时，先人经过冥思苦想'另外选字、造词'而形成的语言，在今天很多时候看来仍旧是被创造的语言、刚被创造出的语言。"

现在，翻译语言和日常用语仍在杂居共处（今天，片假名也出现了激增）。柳父指出，就人生历程而言，出生时被"世间"所怀抱的孩子，在其长大后会选择"社会"，通过直面"社会"的矛盾而回归到"世间"中（即成为"大人"）。而用翻译语言表达的层面与用日常用语表达的层面，二者之间产生了日渐显著的分化。即便是在前一层面，在平常思考时，人们用到的往往还是日常用语。

启蒙时期也成为脱离文化原有属性的起飞时期。

第 3 章

自由与平等

自由民权运动

1874 年 1 月 17 日，包括板垣退助在内的八名前参议 [1] 向左院提交了《民选议院设立建白书》。左院是太政官所属的立法咨询机构。建白书的提出是那些因主张征韩论而败北，旋即下野的参议所采取的急速转圜的一场行动，但却成为自由民权运动的导火索。

此后，在运动持续开展的十多年间，成千上万的人参与进来，席卷了日本全国各地，为日本立宪制的确立发挥了动力作用。这场运动继承了维新带来的政治决于公论的精神，对政治被一部分领导者所独占的现状进行了批判，旨在使人们成为政治的主体。开设国会作为此次运动的口号，成为他们的核心诉

1　明治初期所设的"参议"是位于左右大臣、太政大臣之下的官职。——译者注

求，当然运动并不止于实现这一要求，人们在各自不同的领域展开了自由民权运动：以减轻地税为中心的减税要求、自治要求、结社思想的兴起以及以自由党和立宪改进党为首的政党组建、运动中高涨的自学自习风气等。

正如 1889 年颁布的《大日本帝国宪法》所明示的那样，自由民权运动促使日本的立宪制得以最终以天皇制的形式确立。从这个意义上说，作为政治运动的自由民权运动是失败的。有人指出，在运动最为鼎盛的 19 世纪 70 年代末到 80 年代前半期，爆发了秩父事件[1]等诸多事件，若考虑到这些事件本身带有改造社会的愿望的话，那么只靠自由民权运动并不能涵盖那个时期的民众运动。我并不想全盘否定这种评价，但是像这样全国性规模的、长期席卷日本各地的运动，在日本历史上可谓是空前的，到目前为止也是绝后的。

当政府在急速建设以天皇制为核心的国家时，自由民权运动则是以另一种国家构想来与之对抗的运动。我认为，相对于政府所推行的国富国权路线，民富民权路线才是这场运动的基本性质。

那么，作为一种思想，自由民权运动给我们留下了什么？

作为自由民权运动导火索的《民选议院设立建白书》体现了自由民权所特有的思想（《自由党史》）。其中有两点值得关注。

1　即 1884 年埼玉县秩父地区的自由党员与走投无路的农民共同发起的暴动事件。参加者超过 1 万人，10 天内暴动被镇压，7 人被判死刑，296 人被判重罪，448 人被判轻罪。——译者注

一种主张认为,为防止"国家土崩之势",唯有"举行天下之公议"。这里用"公议"来表达,但由于政府独占了"公",因此民众被逼迫到"私"领域,而主张"公议"就是要彻底改变这种状况(当时还设置了"公议所"机构),他们的目的并不是要争取私论的自由,而是旨在获得公论的正统性。另一种主张则是"对人民政府有交租税义务者,乃有参与政府之事之权利"。从他们使用"交"租税这一表述方式中可以窥探出,他们欲与"纳"税意识割裂的决心。前者建构出一种赋予人们公民权的根据,在此后人们批判政府及发表政治言论时,赋予其公民权;而后者至今也未呈现出传统的价值意涵。

众所周知,自由民权运动中涌现出几位理论家。代表性的人物主要有:自由党员或同党派系中的左派民权家大井宪太郎、植木枝盛、马场辰猪、中江兆民,以及改进党的小野梓等人。这里主要以植木和中江为中心来探讨他们的思想。他们的论述展现了天赋人权论的具体样貌。

植木枝盛与人民主权论

在自由民权运动中,用最明快晓畅的语言倡导自由民权的正是植木枝盛,他一举推动了"自由"与"民权"之词在民众中的广泛传播,使其贴近于民众。他在其代表作《民权自由论》(1880)中这样写道:"大家皆不必卑屈。自由乃天所赋予。请更积极踊跃地伸张民权、扩展自由吧。"他用这种以口语为基调的文体来强调"自由""自主""权利""民权",使其与"专制""压制""束缚""卑屈"形成强烈对比。在书后的附录中,还有一首《民权田舍歌》,歌曲这样唱道:"人上无人 / 人下亦无人 / 此乃人之同权 / 伸张权利呀,同胞们。"随后,植木进一步导出了他的结论,当打造出这样自主自由的人民后,方才能维护国家的独立。用他的话来说,那就是"若不依靠人民的自主自由及宪法,将无法牢固地保护国家"。

植木枝盛出生于土佐藩,在 18 岁聆听了板垣退助的演讲后,立志投身于政治,随后来到东京奋发自学。他熟读《劝学篇》,时而去旁听明六社和三田的讲演会,时而出入帝国图书馆(现在的国会图书馆),他是作为板垣的亲信参与民权运动的。因而,在这位年轻的活动家所撰写的《民权自由论》中,我们不仅可以看到福泽谕吉等启蒙思想家的影响,也可以听到他以笔游说、弘扬民权思想的呼声。

《民权自由论》可谓是体现植木基本思想理论的著作,他以此为基础,从多方面展开了民主主义论。其中,《日本国国宪案》(1881)是一部凝结了他关于国家构想的作品。这其实是高知的民权结社立志社提出的宪法草案,身为一名立志社成员,植木起草了该文书。这部草案提出了对抗中央集权制的联邦制,并明确规定主权在民、保障基本人权。其中,关于人权条款的论述极为详细,该条文倡导要保障思想、信仰、言论、集会、结社、居住、迁徙、职业等的自由,主张废除死刑及享有抵抗权、叛乱权、脱离国籍权等权利。这一时期诞生了许多由民权家起草的宪法草案（"私拟宪法"），其中，枝木的宪法构想最为彻底地提倡人民主权的原则，这与之后施行的《大日本帝国宪法》形成异常鲜明的对照。反过来说，民权运动创造出一个竞相描绘国家构想的时代。

植木的理想不仅仅是废除国内强权的支配，他还提出了取代世界内强权支配的构想。《无上政法论》（1880）便是闻名遐迩的一篇文章（该文是植木在记录板垣的观点后整理完成的，题为"板垣政法论"，于1881年刊行）。在这篇文章中，植木提出了一个问题：杀戮、掠夺在一个国家内是被禁止的，是会遭到处罚的行为，但在国际间却公然进行这样的行为，那么应如何改革这种状况？针对这一问题，他提出了"设万国共议政府、立宇内无上宪法"的解决方案。这个方案中包含了他谋求世界和平、缩减军备、抑制欧美称霸世界等的志向。不仅如此，植木还提倡男女同权，主张废除公娼制度，谋求实现女性的参政权，并希望在制定民法之际，采取废除家父长制（他认为这是"联民成国"，而非"联家成国"）的方针。（但是，他虽倡导女性论，却也是买春的常客，还是一名记录者。）

我们从他所有的主张中可以体会到一种历史观，那就是接受启蒙思想洗礼后的人身上具备的一种脱离蒙昧状态、意图实现文明的乐观的线性历史观。这里的文明是指在个人层面、国家层面乃至国际社会层面都贯彻着自主自由精神的世界。[以上的文章收录于家永三郎编《植木枝盛选集》,《植木枝盛集》全10卷（岩波书店，1990—1991）中也有收录。]植木很擅长讲述自己，日记式的感想录《无天杂录》和自传《植木枝盛君略传》等便是他叙述自己生平事迹的代表作。

中江兆民及其对"理"的追求

身为活动家的植木枝盛公开发表了许多带有启蒙意义的文章，而与之不同的是，被称为"东洋卢梭"的中江兆民则是民权运动的理论家，他更热衷于民权思想的深化。中江同样也出生于土佐，从很早以前就开始学习法语。他直接求助于大久保利通，并最终获得了赴法国留学的机会，成为随同岩仓使节团出行的众多留学生中的一员。中江不同于植木的另一点是，他很少谈论自己，因此关于他如何学习、学了什么，相关资料极其匮乏。不过，通过学者细致的研究，今天我们可以知道，他曾经阅读过伏尔泰、孟德斯鸠、卢梭、雨果等人的作品（井田进也，《中江兆民的法国》，岩波书店，1987）。中江兆民原名笃助（也名笃介），兆民是他的号，而这个号蕴含着他身为民权家的志向。[关于兆民的生平，松永昌三在《中江兆民评传》（岩波书店，1993）一书中有详细的介绍。我也从中学到很多知识。]

留学归国后，兆民曾短暂在政府机关工作过一段时间，不过后来却将精力倾注于开办和经营私塾法国学塾上。法国学塾后来发展成为东京屈指可数的私塾，同时也成为法式民权思想的源流。此后，他着手翻译卢梭的《社会契约论》，这部被称作《民约论》的译稿在自由民权运动高涨的时期以手抄本的形式开

中江兆民（1847—1901）

始广泛流传，并提升了中江的知名度。

后来，兆民给这部译作加了注解，题名为"民约译解"，并连载于法国学塾的杂志《政理丛谈》（后更名为"欧美政理丛谈"）上（但并没有全部翻译完）。其中，相当于原著第一卷的部分于1882 年出版，这就是《民约译解》卷一。今天读来虽是些晦涩难懂的汉文翻译，但正如他在"解"中所写的"民主国者，谓民相共为政主国，不别置尊也"一句，以及正文中的"民约已成，于是乎地变而为邦，人变而为民"等话语那样，他笔下的文字被一种浓缩性的文体所具有的张力牵引着，当他把新的原理提示出来时，也将读者引向了沉思和情绪高昂的境地。前一句话超越君主立宪或共和的形态论的范围，揭示出"民主"的实质，后一句话则提出一种类似于打破地心说的日心说理论，那就是人们的契约创造了国家。(《中江兆民全集》第 1 卷中收录了《民约译解》和岛田虔次所作的汉文训读，读者可做参考。)

被运动的局势牵引，学识渊博的兆民先后担任民权派报纸《东洋自由新闻》的主笔、自由党机关报《自由新闻》的社论撰稿人。不过，当我们读这些刊载于报刊上的文章时，给我们留下深刻印象的是，尽管兆民活动的舞台是这些机关报，但他发表的文章却鲜有战术色彩，反而多侧重于基本原理的论述。[兆民在这一时期的文章被收录于《中江兆民全集》(全 17 卷 + 别卷，岩波书店，1983—1986)，以及嘉治隆一编校的《兆民选集》、松永昌三编的《中江兆民评论集》等著作中，这些作品被代代阅读，经久不衰。] 如果我们试着读一下他发表在《东洋自由新闻》创刊号上的"社论"(1881)，就可以发现，文章的旨趣是在论述关于自由的基本理论。在这篇文章中，兆民认为，自由是由"精神的自由"和"行动的自由"构成的。后者指思想、言论、集会、结社等那些通常被写进宪法条文中的实定法意义上的自由，而他所说的自由不只那些个别条目。甚至可以说，在"精神心思全然不受他物之束缚，能完全发展而无余力"的状态下，有"符合古人所谓义和道之浩然之气"的前者才是"原有之根基"，后者的自由是从前者产生出来的。

我们从这些文章的立论方式中可以窥探到，中江兆民从根本上探求普遍价值的态度。这种态度使兆民的论说与那些包括文体在内的所谓通俗论调区别开来。从这个意义上说，他一直以来所追求的是"理"即为道理或原理。当时，"哲学"一词的翻译几乎已经成为定说，但兆民却敢将"philosophie"理解为"理学"，这一举动也显示出他追求"理"的态度。与此同时，这也促使他产生了依照"理"来判断现状、探索具有可能性的道路的态度。

"民权乃至理也"

《三醉人经纶问答》（1887，岩波文库版中收录了桑原武夫和岛田虔次所作的校注和现代日语译文）便是诞生于这种态度下的杰作。这一时期，自由民权运动暂时冷却，在政府主导下，立宪制的建立进入了倒计时。在这种背景下，这本书借三醉人问答的形式就当时日本流行的三种政治观展开了巧妙的论述。那仿佛是从教科书中抽出的民主主义与和平主义论的倡导者"洋学绅士君"与主张割占亚洲的"豪杰君"登场，他们各抒己见，唇枪舌剑，最后，作为指导者的"南海先生"发表了一种看似寻常的意见，他认为，现在除了施行渐进改良的立宪制，别无他法。

在阐述这个结论的地方，兆民附加了自己的评语"南海先生在敷衍搪塞"。我们从中也可以看到兆民的苦衷。即便在这种情况下，他毫不懈息，仍在探寻走向未来的道路。他指出，民权分为"恩赐性质的民权"和"收复性质的民权"两类，即便是前者那种被赐予的民权，实际上也有可能转化为后者，兆民这部分的论述带给人们极大的鼓舞。在此处，他还添加了"此一段文章稍有自夸"的注解。帝国宪法颁布后，他主张要逐条"点阅宪法"，可以说，他的这一行为其实是在将自己的志向具体化。

此后，兆民的人生道路错综复杂，某种意义上可以说是一败涂地。这里虽没有闲暇去讲述他的失败经历，但还是容我多谈一下他的两部作品。1901 年，在被告知患癌后（死后经解剖被诊断为食道癌），兆民相继完成了《一年有半》和《续一年有半》（《一年有半、续一年有半》）。书名源于只剩一年半生命的诊断，前一本书被视作"生前的遗稿"，他将自己寸步不让追求原理的姿态倾注于笔尖。其中有一句话非常有名：

> 民权乃至理也，自由平等乃大义也，反此等理义者终不能不受罚，虽有百千之帝国主义，然终不能磨灭此理义。

后一本书正如其副标题"无神无灵魂"所示，他从"理学"的立场阐述了唯物论的思想。按照他的意愿，在他的葬礼上，并没有举办任何宗教仪式。

自由民权思想就是以这样的途径，带给人们关于自由、平等和人民主权的思考方式，并促使人们根据这些思考形成另一种国家构想的。当我们这样看待自由民权思想的时候，围绕这一思想至少会产生三个问题：第一，自由民权思想如何处理"西洋"和"东洋"的问题；第二，如何面对天皇或被逐渐构建起的天皇制的问题；第三，如何继承自由民权思想的问题。我们所说的自由民权思想，原本并非只有一种色彩，在此我们仍以兆民为主要的线索来思考以上三个问题。

自由民权思想中的"西洋"与"东洋"

首先来看第一个问题。正如从兆民吸收了卢梭思想这一典型事例中看到的那样，从本质上说，自由民权思想的源泉来自"西洋"。那么，自由民权思想是否与多数启蒙思想家的思想一样，将"西洋"视作唯一的价值源泉呢？

答案并非如此。就兆民而言，早在他留学归来的途中，就目睹了身处非洲和亚洲的英国人及法国人甚至以比对"猪狗"还不如的恶劣态度来对待原住民，这使他认识到西洋文明对其境外之人展现出了侵略、傲慢、压迫、蔑视的姿态。从这个意义上说，所谓的文明并没有体现其应有的普遍性价值，兆民将它相对化，视作一种特殊的西洋文明。

与此同时，这里也蕴含着他的另一种志向，那就是使抵抗强者专制的自由民权理论在世界范围内发挥其作用，不是去追赶作为强者的西洋，而是探寻另一种更具普遍性的文明。他寄给《自由新闻》的文章《论外交》（1882）便是这种思考的一个结晶。在这篇文章中，兆民回忆起留学归国途中的见闻，斥责西洋"对自己之开化如此厚自矜伐，血凌蔑他邦，岂可称之为真正开化之民哉"，他提出一种理想的国际关系，即用"道义"来代替"强兵"，并阐述了作为"小国"应如何保持独立之路的主张。

更为重要的是,在意识到"西洋"的同时,他也谋求"东洋"权利的恢复。兆民在经营法国学塾之余,还进入汉学家开设的私塾,学习汉学(他的法国学塾中也开设了和、汉学的课程)。如前所述,他将《社会契约论》翻译成汉语,由此可见,在移植西洋思想之际,他在潜意识中仍然重视东洋知识的土壤,比如,他将"精神的自由"类比为《孟子》中所提出的"浩然之气",我们可以从中看出兆民重视东洋思想的态度。这种思考态度与《一年有半》的文章是相通的,他认为,民权"亦存于汉土,孟轲、柳宗元早将其觑破,非欧美之专有也"。从这个意义上说,一直以来,他所构想的自由民权是一种超越"西洋"的、具有普遍性的"理"。

我们看兆民的用语就会发现,通常来说,"亚细亚"是指那被蹂躏的地域,这是一种地理上的概念,与此相对,他所使用的"东洋"则是一种文化上的概念,它承载了兆民力图在这里实现民主和独立的意志。在文明开化时期,被创造出来的"东洋"是一种与"西洋"的开化形成对照的守旧的形象,因而,反开化派强调的是作为旧有秩序的"东洋",但兆民与他们不同,他所提倡的"东洋"内在地包含了革新传统和希望的意味。

这种思考方法并非只是兆民特有的,而是民权派具有的一个显著特色。植木枝盛在《无天杂录》中也展开了类似的论述,他并不认为社会契约论是卢梭的专利,日本的佐藤一斋、中国的孟子都发表过相近的看法,他在阐述之余,还频频引用儒教、佛教的经典来进行说明。民权派的另一个人物小室信介收集了精神基础。"国体"观念由此确立起来。(更为详细的内容将在第6章"国体论"中探讨。)

国家框架的构建也使知识分子的面貌发生了变化。启蒙思想家多为官僚,他们虽不是政策的决定者,但却是政策的拟定者,至少也是运用专业知识来推行政策的实行者。而民权思想家则满腔热忱地将自己的理念转化为政策。不论哪一种类型的知识分子,在他们看来,言论主体与政策主体是合二为一的,可以说,二者并未割裂,而是被统一了起来。从这个意义上说,他们都属于经世致用的知识分子。

但是,民权运动的败北与国家体制的确立拉开了政治和思想之间的距离。或者也可以说,二者之间产生了裂缝。政策主体和言论主体基本上发展成不同的人格主体,后者大抵放弃了成为前者的念头,转变为立言发声的群体。当然,并不是完全没有兼具这两种身份的人,但就类型来看,知识分子由经世致用型的知识分子变身为批判者、建言者。

国家建设的基本路线已经确定,言论主体必须要与政策主体保持一定的距离,与此同时,从长远的视野来看,这也为知识分子总结日本走过的近代化之路、思考未来的图景创造了机会。这一时期呈现出的是欧化与国粹的问题。究竟是应该以西洋为本位来推行近代化,还是以容易被忽视的传统为本位来发展日本的近代化?双方提出的构想又形成了论争。这基本上是受西洋冲击的非西洋圈所面临的共同问题。

这个问题是近现代日本人不可回避的一个问题:日本究竟

农民起义的事例，并以此撰写了《东洋民权百家传》（1883—1884），他将那些农民起义者视作民权运动的先驱。该书是最早的一部关于农民起义的概括性著作。此外，还有民权家小野梓，号东洋，他把自己创办的书店取名为东洋馆书店。从另一个意义上说，不被西洋涵盖，而强调东洋，这也影响了政治的动向。这便是修改条约的问题。政府也将修改条约与建立立宪制一同视作政治上亟待解决的重大课题，为期早日实现条约的修改，明治政府建造了鹿鸣馆，这成为推行欧化主义的象征，政府不仅采取了欧化政策，还倾向于进行秘密外交。在这种状况下，民权派更是宣扬要将修改条约作为国民的课题来进行处理。民权运动曾一度式微，但后来由于条约修改问题这一导火索，它又以大同团结的形式再次高涨。19世纪80年代末，小野梓、田口卯吉、岛田三郎、马场辰猪等民权家各自出版了题为"条约改正论"的著作（收录于《明治文化全集》外交篇）。

自由民权思想与天皇制

第二，自由民权思想如何面对天皇（制）并不是一个能给出明确答案的问题。这场运动的起点是《民选议院设立建白书》，但建白书本身却是在如下的思想脉络中完成的，那就是"臣等谨察方今政权所归，上不在帝室，下不在人民，而独归于有司（即官僚——作者注）"。并且，这里的"帝室"并不仅仅是为攻击有司专制而在找借口时运用的一种口吻。在之后的自由民权运

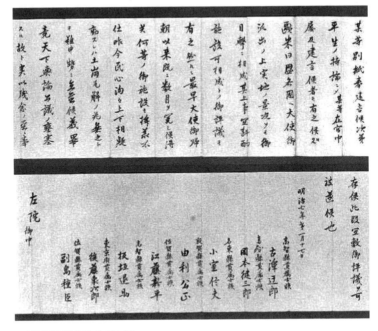

《民选议院设立建白书》序

动和政党运动中，这种立论方式几乎始终一贯、反复出现。加之，政府放大了天皇亲政的形象，并通过"巡幸"来夸示天皇的存在感，甚至赋予了天皇神权性，在刑法中建构出不敬罪的法律文化等，这些都进一步增强了天皇作为新权威的社会牢固度，却也窄化了人们面对天皇时个人心性的自由度。

这也使自由民权运动主张的自由、平等与天皇之间出现了许多畸形的妥协方式。一方面，自由、改进两党及与之对抗的立宪帝政党相继组党；另一方面，1882 年，政府正式着手制定宪法，言论界和政党之间发生了激烈的主权论争。针对政府派提出的主权在君论和钦定宪法论（认为宪法是天皇制定的），民权派则以主权在民论和主权在国家论、国约宪法论（认为宪法是由议会制定的）进行回击，但包括上述私拟宪法在内的讨论，几乎都没有否定君主制。这种天皇思想的深厚与共和思想的薄弱存在着一定的关联［其中，关于采用共和主义传统的研究成果，有家永三郎的《日本共和主义的传统》（《思想》第 410 号，1958 年 8 月）一文］，可以说二者互为因果。植木枝盛在日记中随意地自称为"天皇"，这属于极为罕见的例子（《植木枝盛集》第 7、8 卷），但这样的文章本就不打算公开发表。

　　面对矗立起的天皇制这一被创造出的事实，兆民一直在思考如何贯彻人民主权、自由与平等的"理义"，以及应贯彻到何种程度。为解决这些问题，他可谓煞费苦心。在《三醉人经纶问答》中，他借洋学绅士君之口说出了自己追求"政治进化之理"的方向，那就是从"君相专擅"发展到"立宪制"（立宪君主制），然后走向"民主制"。"民主制"意味着"头上唯有青天"，而与此相对，"立宪制"却是"如身着轻薄葛衣，头戴沉重铁帽"。然而，这种"理"却是难以立即实行的。因此，兆民提出的方法是，争取获得共和政治的实质。即"以政权为全国人民之公有物，不被一二有司所私占时，皆'共和'也，皆共和政治也，不问君主之有无"（《君民共治之说》，1881）。

　　兆民常常一再重复这种论述，在《一年有半》中，他承接其所谓"民权乃至理也"的思想，最终发展为"帝王虽尊，然敬重此理义，兹以可保其尊"的观点。为实现"民主制"的"理义"，他在困境中仍坚持自己的思想，这些思想充分展现了兆民不屈不挠的意志。

关于以"无神无灵魂"为旨趣的《续一年有半》，松永昌三认为，"虽然直接的批判对象是欧洲的有神论，但也包含了攻击天皇制神学的意味"（见前述《中江兆民评传》）。而兆民的爱徒、撰写《兆民先生》的幸德秋水怀揣打破天皇制的思想，恐怕并非偶然。

"自由"的继承路径

第三，如何继承自由民权思想。这个问题听起来可能稍显刻板，我想分"自由"和"平等"两方面来思考。

首先是"自由"的深化问题。在这一方面，文学家北村透谷是一位颇具代表性的思想家。他曾投身于自由民权运动，后来遭遇挫折。他用自己切身的体验，将"想象世界"从"实际世界"中独立出来，"精神"因而获得了主体的位置。

如此一来，便产生了一种人的"精神"曾"被囚禁"的意识，反过来，当"精神"被解放后，就可以实现绝对化的"精神自由"（《明治文学管见》，1893），并形成一种坚定的主体意识，即"应以'然'为'然'，应以'否'为'否'"（《"然"与"否"》，1892），这种主体意识甚至向着国家出击。当我们读到"余乃自由主义之信者也，民主主义之敬爱者也……将民主主义

（即共和制——作者注）应用于我国，进行根本的改革，此乃思
想上极其宏伟而壮丽之大事业也"这样的话语时（《国民与思想》，
1893），我们可以将失败者透谷视作自由民权思想的最佳继承者。
透谷也是一名评论家，正是由于拥有这样自由的精神，他才能
立足于评论界。[透谷的作品被收录于岛崎藤村编的《北村透谷
集》、胜木清一郎校订的《北村透谷选集》和《透谷全集》全三
卷（岩波书店，1950—1955，再版版本见 1973—1981 年版）。]

"平等"的继承路径

其次是"平等"的深化问题。在自由民权运动中，"平等"
虽然不及"自由"或"自主""自治""权利"等口号的呼声那
么高，但它也是使用颇广的一个词语。比如，在植木枝盛的《日
本国国宪案》中有"日本人民于法律上平等"这样的话。但是，
"平等"这个词的意思是指否定身份上的不平等，即主张政治上
权利的平等，原则上并没有包含克服经济上不平等的意味。相
反，当时提出的那种以"才能"为核心取代身份制的社会构想，
理所当然地认为社会将走向贫富分化。从这个意义上说，谋求
自由竞争的"自由"与希冀获得社会保障的"平等"之间，也
萌生出了矛盾之芽。并且，当时还有这样一种认识，认为"平等"
是"自由"之后的第二个要解决的问题。社会问题的涌现和社
会主义的出现便是如此，这一部分将于第 7 章"生存权与人权"
和第 11 章"社会主义"两章进行探讨。

第 4 章

欧化与国粹

从国家构想到文化构想

自由民权运动的退潮意味着政府与反对派之间围绕国家构想的竞争终于接近尾声。政府掌握了主导权，建立内阁制度（1885）、完善学校制度（1886）、公布宪法（1889）、颁布《教育敕语》(1890)、开设由贵族院和众议院组成的帝国议会(1890)，一鼓作气构筑起"大日本帝国"的框架。当然，条约修改的交涉也在紧锣密鼓地进行中，政府一边盯着交涉的进展情况，一边制定商法典、民法典等法律。

《大日本帝国宪法》对天皇做了如下规定：第一，"万世一系"的正统性；第二，天皇拥有"统治"权这一主权；第三，"神圣"不可侵犯性。帝国宪法树立起所谓的天皇制，同时，为使日本今后作为立宪国家屹立于世界，宪法也成了一种规范。《教育敕语》则通过教育，在天皇制中注入精神动力，为天皇制奠定了是西洋的一员，还是东洋的一员？这是对自我认识提出的疑问。不过，这个问题开始成为知识界最引人注目的讨论主题，则是在19世纪80年代末到90年代所谓的宪法体制树立时期。这一时期，在知识界扮演主要思想角色的是平民主义和国粹主义，二者分别代表了各自的观点。

平民主义与国粹主义

平民主义是1887年年仅25岁的德富苏峰创办民友社时高举的旗帜。苏峰原名猪一郎，正如他所起的号，他出生于阿苏山所在的熊本县，曾求学于新岛襄创建的同志社大学，是活跃在熊本的一名民权青年。20岁时开设私塾大江义塾，并在写作上崭露头角。1886年，他出版了《将来之日本》，自此声名远扬，他当机立断来到东京，设立民友社，并创办了标榜"政治社会经济及文学之评论"的综合杂志《国民之友》，将其作为倡导平民主义的主要阵地。杂志名称源于他喜欢读的一本自由主义色彩浓厚的美国周刊《国家》(*The Nation*)。随后，他还创办了《国民新闻》。

1888年，26岁的志贺重昂和29岁的三宅雪岭（原名雄次郎，后改为雄二郎）等十几人决定创办杂志，建立同人组织政教社，并将国粹主义定为该社的基本方针。其机关报取名为"日本人"（由于后来遭到禁止发售的处分，杂志一度更名为"亚细亚"）。志贺出生于三河国冈崎，毕业于那所因威

《日本人》《国民之友》创刊号封面

廉·克拉克（William Clark）而远近闻名的札幌农学校，但他对基督教极为反感。他曾巡游南洋诸岛，目睹了列强争夺殖民地的真相，由此加深了自己的危机感，这直接促使他走向了国粹主义。雪岭则出生于加贺国金泽，尽管考上了东京大学，但他却没有选择与现实密切相关的政治经济专业，而是专攻哲学。虽身处于开化旋涡的东京，他却沉迷于古今东西的书籍，在博览群书中度过了自己的青年时代。

1889 年创刊的报纸《日本》是国粹主义强有力的别动队，陆羯南（原名实）兼任该报的社长和主笔。羯南出生于陆奥国弘前，曾考入司法省法学校，但后来受到了退学处分，辗转于青森报社和开拓使管辖的纹别制糖所，后进入太政官文书局工作。他虽将自己所抱持的思想称作日本主义（旨意），但其基调却与国粹主义相同。后来由于《日本人》和《日本》都面临经营上的困难，于是二者合并，自 1907 年起，杂志更名为"日本及日本人"。

这些重要人物提倡的平民主义和国粹主义是 19 世纪末期日本具有代表性的两大思潮，前者广泛地影响着人们的思想，后者则深刻地冲击着人们的意识。如前所述，在国家框架确定后，日本进入重新探寻近代化的时期，这两大思潮正是在这种背景下盛行的，但还有一个直接的契机，那就是以鹿鸣馆为象征的欧化主义。鹿鸣馆的建立虽然是为了达成修改条约而实行的一种手段，但人们却被其奢华倾倒，也给人留下了一种迎合欧美的印象。平民主义者和国粹主义者都注意到了这种状况，并各自展开应对。一方面，平民主义批判鹿鸣馆式的风潮为"贵族式的欧化主义"，同时将自己定位为"平民式的欧化主义"；另一方面，针对欧化主义，国粹主义则主张要保存国粹。

"明治的青年"与平民欧化主义

从德富苏峰创立民友社前所写的两本著作《十九世纪日本的青年及其教育》（1885；后作增补为《新日本之青年》，1887）和《将来之日本》（1886）以及刊登在《国民之友》创刊号上的《嗟呼国民之友诞生》一文中，我们可以看到苏峰所提倡的平民主义的核心要义。[前两本著作收录于植手通有编《德富苏峰集》（《明治文学全集》34，筑摩书房，1974）。]在这些作品中，他指出，"世界之形势"或"天下之大势"正从"军备社会"转变为"生产社会",并由"贵族社会"转变为"平民社会",而要循大势、谋改革,就要促使"明治之青年"奋起,取"天保之老人"而代之。他这样断言道:

> 所谓破坏的时代渐渐远去,建设的图景即将到来,东洋的景况日渐远去,西洋的图景行将到来,旧日本的故老乘坐去日之车垂垂退出舞台,新日本的青年将驾着来日之马徐徐驶入舞台。

他采用"军备"和"生产"、"贵族"和"平民"、"破坏的"和"建设的"、"东洋的"和"西洋的"、"故老"和"青年"、"旧日本"和"新日本"这种鲜明的二分法,并在此基础上描绘出取代过去的未来图景。苏峰的主张获得了青年一代的狂热支持,并使他成为论坛的宠儿。他对现状这样诊断道:"西洋社会虽是平民社会……然我邦输入此文明……却意外地带有贵族恶习",并由此而提倡"平民欧化主义",这种崭新的构想吸引着人们的注意。而他创办的《国民之友》正是以这些主张为依托展开的,当时几乎所有具有代表性的论客都在此大发议论、各抒己见,投稿纷至沓来,在商业上也取得了令人惊叹的成功。

然而,后来苏峰却以中日甲午战争为契机,转向了他所说的"帝国主义"的立场。特别是在三国干涉还辽一事的刺激下,他成了一名激进的国家主义的使徒。此后他的言论活动始终保持这种路线,甚至在亚洲太平洋战争(参见第 13 章"反战论与和平论")期间，他还出任"日本文学报国会"和"大日本言论报国会"的会长。

"国粹"及其对世界的贡献

与此相对，国粹主义则反对以"欧化"来构筑未来的日本，它的提出正是缘于对欧化主义的排斥。所谓"国粹"是指国家或民族（nationality）。在志贺重昂寄给刚创刊不久的《日本人》的三篇文章中，最能清晰地体现国粹主义的基调，这三篇文章分别是：《为〈日本人〉的出征饯行》（第 1 号）、《〈日本人〉怀抱宗旨之告白》（第 2 号）、《日本前途之国是须系于"国粹保存宗旨"》（第 3 号）。

在这些文章中，针对欧化主义所提出的"日本将来之大经纶实为全部打破日本原有之旧分子，以西洋之新分子取而代之"的论调，志贺主张"即使是输入进来的西洋之开化，亦应以日本国粹的胃器官咀嚼之、消化之，使其同化于日本之身体中"。志贺等人的构想并非为了让日本的近代化步入被西洋同化的方向，而是必须要通过选择性地吸收西洋文化，使其同化于日本，我们从他们的构想中感受到了一种强烈的使命感。这其实也是一种危机感，譬如，日本仅达到四成的开化程度，如果突然输入开化度为十成的西洋文化，那么西洋文化必将凌驾于固有文化之上。

而与此同时，国粹主义并非只是一种对欧化采取固守防御姿态的思想。归根结底，国粹也是一种旨在发挥各种文化特色，从而走向世界、为世界做出贡献的思想。关于这一点，志贺这样说道：

> 如人人各有其最擅长之处，邦国亦不可不有其最具特色之处……个人之间以各自所持之特长，而产生所谓分工，应知邦国亦须以其特长而进行分工……若分工乃经济世界之真理、交易之起源也，那么"保存国粹"岂非经济世界之真理乎。

于是，国粹主义者主张，国粹主义不仅是"至理至义"的思想，而且是"至利至益"的思想。

三宅雪岭是国粹主义者中一位具有哲学家风格的知识分子，他在其代表作《真善美日本人》（1891）中，将国粹主义的立场定调为"为本国尽力乃为世界尽力也，发挥民族之特色乃补益人类之化育也"。他在称赞日本人优点的同时，还著有《伪恶丑日本人》（1891）一书，直截了当地指出了日本人的缺点。三宅钦慕王阳明，并怀揣着一个构建世界哲学的志向，他从东洋的立场出发，也将西洋纳入自己的世界哲学中。而陆羯南则是他们之中首屈一指的政论家，著有《近时政论考》（1891），在维新以后展开的各种各样的政论中，他将自己的政论立场定为"国民论派"，即对外谋求"国民之独立"，对内追求"国民之统一"。

在这种思想文脉的影响下，国粹主义为对抗自由贸易，在政策方面提出了贸易保护，并主张恢复同欧美对等的权利，他

陆羯南（1857—1907）

们成为反对妥协性条约修订案的急先锋。他们提倡的这种态度和国民自负心，不断给那些在滔滔欧化浪潮面前近乎处于守势的守旧派以鼓舞，也使排外情绪日益高涨。与此同时，在资本主义发展的大势面前，国粹主义中也出现了最早向"社会弱者"施以援手的思想。明治中期，三菱经营下的长崎县高岛煤矿发生了虐待矿工的事件。对此，三宅于1888年在《日本人》杂志撰文《应如何对待三千奴隶》进行批判，迅速掀起一股揭发矿工待遇的风浪。

启蒙思想在否定传统的基础上，主张吸收西洋文化，而民权思想则在传统中发现与西洋具有同质性的思想。与二者不同，国粹主义可以说是在绝大多数人认为近代化就是西洋化的思想浪潮中，提出了另一种实现近代化的非西洋型的路径。对于政

府急于加入列强俱乐部的政策，羯南的批判颇为激烈。"彼等
在邦交上徒效仿欧美要求'对等'……欲免受身处东洋国及身
为东洋人之耻辱"（《国际论补遗》，1893）。不过，一些政策的
执行者也受到了他们所提出的治国方策的影响。中日甲午战争
时期的外务大臣陆奥宗光在那部被称作"外交秘录"的《蹇蹇录》
（1895）中，就将中日甲午战争视作"西欧新文明与东亚旧文
明之间的冲突"。

国粹主义者也关注到了亚洲民族主义运动所具有的自我革
新的力量。他们宣扬印度的独立运动，推崇中国的革命思想家
李卓吾，从而促使李卓吾在近代中国被人们重新发现。

新的文化意识

平民主义和国粹主义以这样的方式，明确地提出了日本应
如何推行近代化的观点。不论是后来创造出的哪一种思想，这
里所提的欧化或国粹的课题都一直持续流淌在近代日本人思想
意识的底层。反过来说，它也成了创造思想的发条。年轻的夏
目漱石、西田几多郎、铃木大拙、津田左右吉等人都曾面对过
这一课题，他们在思索如何产生内在创造性的过程中，形成了
各自的思想。津田留下了详尽的日记，我们可以根据他的日记
追寻他从《国民之友》特别是《日本人》中吸收思想的过程。

由于每个人都持有不同的立场，因此，平民主义和国粹主
义也都带来了新文化意识的萌发。

就平民主义而言，《国民之友》拥有超群的执笔阵容，这些著名的撰稿人各有特色。大致数来，主要有民权家中江兆民、植木枝盛、田口卯吉，基督教徒新岛襄、内村鉴三、植村正久、新渡户稻造、安部矶雄、浮田和民，社会问题研究者片山潜，文学家森鸥外、坪内逍遥、二叶亭四迷，还有井上哲次郎、梅谦次郎等学界人士，以及尾崎行雄、金子坚太郎等政界人物，如此看来，我们不得不惊讶于总编苏峰的手腕。特别是，该杂志收获了不少文学家的投稿，为近代文学的诞生助益匪浅。

再看民友社，尤为令人感兴趣的是，新的史论在此兴起。德富苏峰的《吉田松阴》（1893）、竹越与三郎的《新日本史》（1891—1892）和《二千五百年史》（1896）、山路爱山的《足利尊氏》（1909）和《基督教评论、日本人民史》（前者于1906年出版，而后者在作者生前并未刊行）等都是这方面具有代表性的作品。正如田中彰所指出的，民友社成员所著的这些作品，强烈地反映出他们欲取代"贵族欧化主义"，从而实现"第二维新"的愿望（《明治维新观的研究》，北海道大学图书刊行会，1987）。他们没有陷入事无巨细的考据，所论历史宏大深远，这种史论史学的风气成为日本历史学发展的宝贵遗产。国粹主义者也对历史极为关心，三宅雪岭的《同时代史》全6卷（岩波书店，1949—1954，原题为"同时代观"，刊载于他主办的杂志《我观》，这些文章一直从1926年写到1945年）中随处可见他观察市井百态时的敏锐视角，而这与具有萨长意味的王政复古史观有着本质的不同，他描绘出了一种编年体式的近代史图景。

如果说我们能在民友社成员的作品中找到那些相当于史论史学的著作，那么在政教社则会看到与此不同的地理学著作，这就是志贺重昂所著的《日本风景论》（1894）。他从"思昏昏浩浩之造化，其神工意匠之极聚于我日本"的立场来论述日本的地势、气候、植物、地质等特色，并分别配有各地古人的文章和诗歌，慢慢读来，这些风景仿佛就在眼前，这本书还建议读者培养登山的爱好，并谈到了保护自然，作者带着自然科学式的观察视角，一改过去地理学的无味枯燥性、单调性，从而加深了人们对风土的热爱之情。志贺也由于这部作品而被称作"日本的罗斯金"（内村鉴三语）。

平民主义对西洋文学的发展动向极为敏感，并诞生出新的文学观念。与之相反，国粹主义则希望通过复兴传统文学以树立新文学。正冈子规以报纸《日本》为阵地，发起了俳句与和歌的革新运动。子规为那些已陷入"惯例"惰性的文艺注入了新的生命。而发现子规之才华，为其提供平台，并一直予以照拂的正是羯南。

"亚洲是一体"

然而，为国粹主义迎来发展机会的则是美术领域的新发现，唯有美术能面向世界并体现其通用于世界的独特价值。冈仓天心（原名觉三）为日本美术留下了浓墨重彩的一笔。

在文明开化的过程中，伴随着西洋画的移植，传统绘画一

《茶之书》美国版扉页（1906）

概被置之不顾，迅速陷入没落的境地。众所周知，正是醉心于日本传统绘画的东京大学外籍教师、美国人欧内斯特·弗朗西斯科·费诺罗萨（Ernest Francisco Fenollosa）重新发现了日本画的价值。身为费诺罗萨的弟子和助手，天心也因此踏入了美术的领域。他曾担任东京美术学校校长，后来由于受到排挤而辞职，并创建了日本美术院，致力于"日本画"（这个概念是相对于"洋画"而创造出的）的革新和振兴。他的活动虽以美术为主线，但同时也对东西文化兼容并包，他立足于这种开阔的视野展开了一系列结构紧凑的文化论。这就是《东洋的埋想》（1901年着手撰写，1903年出版）、《日本的觉醒》（1904）、《茶之书》（1906），以及生前尚未定稿、死后刊行的《东洋的觉醒》

（1902 年执笔）（这些著作原本用英文写作，有多种翻译版本）。

那本副标题为"以日本美术为中心"的《东洋的理想》，是以"亚洲是一体"这句名言开头的。紧随其后的便是天心对与西洋形成鲜明对照的亚洲的赞歌。天心认为，西洋"一味执着于个别的事物"，而与此不同的是，所有的亚洲民族却"对无穷的事物、普遍的事物怀揣广博的爱"，并由此而形成"共通的思想遗产"。因而，他批判西洋主导的"分类万能"的方法，力图在多样性中寻求综合和统一。并且，他还指出，只有在日本才能看到"可谓复杂中蕴含着统一的这种亚洲特性"的集聚。为什么这样说呢？这是因为"每当东洋思想之浪潮涌向日本国民意识之岸时，浪痕便留在了沙滩上"。"如此，日本便成为亚洲的博物馆。"他大胆地从这种视角来对日本美术进行历史性的展望，这也构成了《东洋的理想》的内容。

一方面，这些为亚洲唱的赞歌饱含着他们寄予亚洲的希望；另一方面，在面对亚洲的现状时，也会袭来一种耻辱感。耻辱感越深重，称赞的热情也就越高涨。在完成《东洋的理想》后，他在印度写下了《东洋的觉醒》一书，字里行间透露出他对亚洲的赞扬之情。这本书以"亚洲的兄弟姐妹啊！"的呼声为开头，天心这样说道："无数的苦痛笼罩于我们父祖的土地之上。东洋成为柔弱的同义词。所谓原住民则是奴隶的绰号。那些称扬我们温顺的赞语其实是反话，在西洋人看来，礼仪举止端庄不过是怯懦的缘故罢。"他甚至言辞激烈，怒吼道："欧洲的荣光是亚洲的屈辱。"与此同时，他也自省到"我们（即亚洲人——作者注）之间的相互认识是多么匮乏"。他不仅抨击西洋强加给亚洲的价值具有伪善性，而且强烈地主张必须要复兴亚洲。"我们可以随意地用所有的欧洲语言讲话，但谁会懂本国语言以外的其他一种东洋语言呢。""我们关于近邻诸国的印象，大部分出自欧洲人的理解，实际上，那些认识即便没有歪曲的意图，但其本身是经过欧洲人的解释而被渲染过的。"即便是在今天，天心的这些指斥仍猛烈地冲击着我们的内心。

在天心看来，日本才是能够实现亚洲复兴的代表。他在《日本的觉醒》一书中充分展现了这种主张。这部作品以日俄战争为背景，其写作动机是为了对抗日益抬头的黄祸论，他把日本塑造成为亚洲带来光明的国家。但与此同时，越是这样主张，天心也就越容易陷入那旨在使日本统治朝鲜正当化的理论中。从这个意义上说，无论是使日本西化的欧化主义的文脉，还是使日本对抗西洋的国粹主义的文脉，都同时为日本支配亚洲做了理论上的准备。

然而，天心为何要用英文撰写这些作品呢？他之所以写《东洋的理想》，有几个直接的原因，其中一个重要的契机是，他原本要为美国和英国的两位女性写相关的讲义，最后促成了该书的问世。后来，他曾在波士顿美术馆工作过。但是，当时用英文写作的并非只有他一个人。内村鉴三的《代表的日本人》及其他著作、新渡户稻造的《武士道》等作品也分别是用英文撰写的。铃木大拙甚至还将"Zen"（禅）变成了世界通用的词语。在拥有压倒性力量的西方世界面前，他们不畏强御，越是想要宣扬日本和东洋的价值，就不得不使用事实上的世界语言——
英语。这也说明他们在谈论国粹的时候，并非闭目塞听，而是
在睁眼看世界。

第 5 章

信仰的革新

近代化与信仰的革新

　　近世社会的信仰生活几乎是被佛教一种色彩所覆盖着的。从佛教史的视角来看，佛教自古代传入日本以来，至中世时已派生出各种各样的宗派，相继确立起独自的教义。与此同时，一些宗派则发展为教团。进入近世后，由于幕府禁止天主教传布，佛教占据了正统性的地位，在社会生活中被人们广泛接受。

　　伴随着近世向近代的过渡和转换，人们的信仰发生了剧烈的动摇。佛教失去了幕府这一光环，陷于废佛毁释的风暴中。与此同时，由于政府在原则上承认信教自由，这也不可避免地使佛教相对化，成为各宗教中的一种宗教。新政府树立并推行国家神道，被改弦更张的神道获得了国教的地位。不仅如此，生活的巨变甚至还使曾作为习俗和惯例的佛教仪礼发生了天翻地覆的变化。

这些变化可以说在更广的范围内影响了佛教与人们之间的关系。随着近代化的不断发展，信仰的革新也在如火如荼地进行着，革新人士站在与国家、教团、习俗等世俗割裂的立场上，或者说，他们与世俗之间存在着一种尖锐的紧张关系，而信仰的革新正是在这种紧张关系中展开的。如何以信仰的方式来产生内心的觉悟？当我们面对这个课题时，可以看到三种显著的动向：创唱宗教的丛生，基督教的移植，佛教的自我改革。

创唱宗教的丛生

连着幕末和维新时代的 19 世纪构成了一个由强有力的教祖开创新宗教的繁荣时代。这一时期，具有代表性的新宗教主要有以下宗教团体。19 世纪初，尾张国原武家佣工喜之首创如来教。19 世纪中期，备前国的神官黑住宗忠创立了黑住教，大和国地主家的主妇中山美伎创立了天理教，备中国的农民赤泽文治建立了金光教。19 世纪后期，武藏国的农民伊藤六郎兵卫创建了丸山教，丹波国以收破烂为生的主妇出口直开创了大本教，等等。由于这些宗教是由教祖所开创并倡导的，因此被称作创唱宗教，而从首创者及信徒的社会阶层来看，今天也称其为民众宗教。

这些教祖拥有各种各样的思想背景：日莲宗、净土宗、伊势信仰、灵神信仰、富士信仰等，即便是同一个人格中也混杂着佛教和神道的思想，而且，教祖都曾有过神灵附体的经历，并以此为契机开创了新宗教。幕末维新时期创建的新宗教面临着旧秩序的日益解体，而在宪法体制创立时期成立的大本教则处于新秩序建立的途中，在新旧秩序的变迁中，教祖各自的经历促使他们萌生出想要变革世道的强烈愿望。于是，一神教的救济信仰［除出口直以外的其他教祖的话语，"并非属于'教典'，而是被视作思想史上的文献资料，即讲述者个人的著作"，收录于村上重良、安丸良夫校注的《民众宗教的思想》（《日本思想大系》67）］应运而生。其中，在变革世道的愿望之强这一点上，中山美伎和出口直的思想尤为显著。

天理教与大本教

年纪轻轻便嫁给地主家继承人的中山美伎，做事勤勤恳恳，颇受当地人的好评。但是，她却与丈夫格格不入，长子罹患足疾后，她曾祈求神灵驱免病灾，后来神灵附体，自称"天之将军"，为救济"三千世界"而降临人间。她的情绪之所以变得如此高亢，不仅是因为家庭生活的不幸，而且与当时骚动不安的社会氛围有关，如御荫年参拜伊势神宫[1]、天保饥馑、大盐平八郎的叛乱等一系列事件已显示出当时社会秩序的混乱不安。神灵附体使中山美伎从人情羁绊和生活苦恼中解放出来，去亲身体验"陷入贫穷"的生活，她因此而获得了附近村民的信赖，并开始迈向救济者之路。

1　江户时代，民众大致每过60年一个周期，便自发去参拜伊势神宫。——译者注

美伎的思想凝结于她于 70 岁左右所写的两部作品《御神乐歌》（1866—1882）和《御笔先》（1869—1882），以及收录其语录的《御指图》（1887）中。在《御神乐歌》中，"一律"一词的出现最为频繁，它充分体现了美伎的人类平等观。她以平等为基础，诉说了农民要求获得土地的愿望——"世界众人心相同，无不想要有田地"，以及人与人之间相互扶助的思想——"环绕广阔世界中，大家都来行互助"等。在《御笔先》中，她敦促人们变革社会——"今后开辟康庄道，世界人心皆踊跃"，并对社会变革表现出强烈的意愿——"权贵人力与神力，从此较量汝须知"。在她的笔下，我们看到了一种对外危机感——"迷徒潜入日本地，肆意妄为神生气"。在她去世前完成的《御指图》中，她曾直截了当地说："法律虽存在，心定是第一。"

出口直居住的丹波国何鹿郡是受资本主义化浪潮侵袭最为惨烈的地区之一。由于纺织大资本家的纺织品大量流入，丹波的缫丝业者和地主为应对这种不利状况，集结资金和人力成立了郡是制丝，他们采用机械纺织，迅速增加了纺织品的生产，但同时也给那些从事家庭作坊式纺织的小作坊主带来了毁灭性的打击。这些深受打击的民众在毫无防备的情况下，被弃置于充满未知的秩序中。而出口直创立大本教这一举动，强烈地反映出这些人寻求救济的愿望。她所写的文章被整理为《大本神谕》，我们可以引用其中的一节："这个世界是神所掌管的世界。今天却变成了满是强者、全是恶魔的世界。世界变成了野兽的世界……因此，世人奋起行动，神才会显现出来，要重整三千

世界。"[安丸良夫的《出口直》（朝日新闻社，1977）一书详细
介绍了她的思想和生平。]

　　无论是中山美伎还是出口直，她们都对明治维新和逐渐建
立的帝国宪法体制等变革表现出了抗拒态度，并以神之名去寻
求另一种社会。因而，她们的信仰或思想被国家视作异端，屡
次遭受政府的镇压。面对这种状况，她们的教团后来甚至改变
了教义，转移了活动的重心，但在以极强的自律性为支撑这一
点上，这些创唱宗教开辟了信仰的新生面。

基督教的移植

　　以佩里叩关为契机而实现的门户开放，不可避免地为基督
教再临日本创造了机会。这是因为，那些被输入的文明是以基
督教为后盾而发展的。信仰自由成了一个外交问题，面对西方
的要求，新政府废除了对基督教的禁令，并且在帝国宪法中有
条件地承认了"信教的自由"，"只要不妨碍安定的秩序，不违
背身为臣民的义务"，就可以享受信教自由。在日本人以佛教
和神道为中心的信仰世界里，另一种性质完全不同的信仰传播
开来。

　　被大致分为天主教、东正教、新教的基督教三教分别涌向
日本，进行传教。在天主教方面，曾被禁止的天主教实现了
复兴（尽管维新政府曾对浦上信徒进行镇压），除此以外，新
的布教活动也陆续开始。而在东正教方面，尼古拉（Saint

Nicholas of Japan）的传教颇引人注目。[关于尼古拉的研究，可参考中村健之介的《宣教士——尼古拉和明治日本》（岩波书店，1996）。] 在新教的诸教派中，一直向西传教并抵达至太平洋沿岸的美国的新教教派则占据了主要位置。

　　尽管这些传教士热心地从事传教活动，但日本并没有变成一个基督教国家。而且，教徒的人数尚未达到总人口的百分之一。从这个意义上说，基督教并不能改变生活在日本列岛上的人们的信仰。但是，它却给人们的道德观念、文化意识和社会活动带来了广泛而深刻的影响。比如，基督教与教育（有一段时期，女子中等教育大部分是通过教会学校推进的），基督教与文学，基督教与社会主义，基督教与禁酒运动、废娼运动、家庭观念和一夫一妻制，以及社会事业、社会设施等，当我们一一列举基督教的活动时，不禁会去思考近代日本的文化在多大程度上是依托基督教而获得发展的。《六合杂志》是一本基督教的综合性杂志，它不仅传布教义，而且在学术、政治、经济、社会、文艺等领域也积极开展评论活动。

　　幕臣之子、曾是民友社成员的山路爱山，以维新后的基督教历史为主题，写下一篇题为"现代日本教会史论"的文章 [该文与《耶稣教管见》一同收录于《基督教评论》（1906）]。在这篇文章中，山路谈到了自己的经历，他这样论述道："所有精神革命多出自时代之阴影。当初将基督教移植于日本的情况亦不脱离这种普遍规则。"他指出，改宗者多为旧佐幕派出身的子弟。这种说法符合当时的实际状况，但其实不只是佐幕派，也有很多人是由于其身处于弱者的立场而备受打击，因此选择了皈依基督教。

内村鉴三

由于一神教的排他性特征，基督教与那些要求对天皇无条件崇拜的国体论产生了激烈的冲突。其中，最尖锐的冲突就是内村鉴三不敬事件。关于该事件，小泽三郎在《内村鉴三不敬事件》（新教出版社，1961）一书中做了详细的阐述。根据小泽的研究，事件的真相大致如下。1890 年 10 月 30 日，明治政府颁布了《教育敕语》，并要求各学校定期举行捧读仪式。次年 1月 9 日，第一高等中学校的非正式教员内村鉴三在学校举行《教育敕语》捧读仪式时，由于不对天皇的署名鞠躬行礼，遭到了校内师生和校外人士的强烈指责，并以解聘的方式而被迫辞职。

内村是高崎藩藩士之子，也是爱山所说的一名诞生于"时代之阴影"下的基督徒。身为武士之子的内村是如何皈依基督教的？他在 35 岁左右所写的自传《余如何成为基督信徒乎》（1895；原著为英文所写，即 *How I Became A Christian: Out of My Diary*，警醒社书店，同年改题目为 *Diary of A Japanese Convert*，在芝加哥出版，此后出现了各种语言的译本。日文版于 1935 年由岩波书店刊行，日文标题是由内村起的）一书中详细陈述了其缘由。内村所读的札幌农学校曾聘请美国人威廉·克拉克来设置机构、整顿风气。读书期间，他一开始对高年级学

内村鉴三（1861—1930），
摄于 1912 年

生的传教攻势持抵抗态度，但最终还是在"信奉耶稣者誓约"
上签下了自己的名字。内村从不缺席每一次的教会礼拜，他在
做礼拜的过程中逐渐意识到"神是唯一的"。这一发现使过去那
被多神所束缚着的心灵变得自由、活泼。他这样写道：

> 由于新的信仰，我获得了新的灵性自由，它给我的身心
> 带来健全的感化，使我能更加专心地学习。肉体获得了新的
> 活力，我跋涉于山野，观察山谷中的百合花、天空的飞鸟，
> 通过"自然"来寻求与"自然"之"神"的相交。

内村拥有了一种寻求与神直接进行灵交的清教徒式的信仰，
不久他将视线瞄向了被称作清教徒主义根据地的新英格兰。后

来，他到达美国，在离波士顿不远的阿默斯特学院留学，校长朱利叶斯·霍利·西利（Julius Hawley Seelye）那一心依靠《圣经》和祈祷的"古朴"信仰态度及人品，使内村受到了强烈的感化。与此同时，他也坚定了奥利弗·克伦威尔（Oliver Cromwell）式的虔诚信仰，那是一种被赞颂为拥有"英雄的行为、柔和的内心、才能、光明正大的志向、常识、虔诚的宗教信心"的信仰。

对此时的内村而言，作为神和信徒媒介的教会及职业传教士只会妨碍信仰的纯粹性。特别是，他与那些明里暗里以本国国力和文明做靠山的外国传教士之间总是冲突不断，以致后来他还提倡无教会主义。与此同时，他也极为重视精神的独立，因而，他绝不允许自己跪拜在天皇的署名这一偶像面前。

《余如何成为基督信徒乎》是内村追忆自己归国前经历的自传，而他从美国归国后的情况，可以从他写给美国友人大卫·C.贝尔（David C. Bell）的信件中看到。留美期间，内村偶然在一个慈善事业大会上邂逅了明尼苏达州的实业家贝尔，并与他开始了交往，他们之间的友情持续了一生。贝尔在自己家建造了一间内村室，把内村的所有来信进行装订并保存起来。山本泰次郎将这些信件按照时间顺序进行了整理和翻译，并加入了自己的解说，这就是他编译的《内村鉴三的生涯——写给贝尔的信》（角川文库，1952；另有东海大学出版会刊行的版本）。可以说，这本书是内村吐露自己后半生内心感悟的最佳自传。其中，他在写给贝尔的信中也提到了不敬事件：

尽管内心十分彷徨，但为了自己的基督教良心，我选择了不违背信仰的道路，即便遭受列席的六十名教员（所有的人都不是基督徒，除我以外的两名基督徒教员缺席）及一千多名学生异样的目光，我仍然站在自己的立场上不行敬礼！那个瞬间令人惊惧。那个瞬间，我知道自己的行为会带来什么后果。原本这个学校就充斥着反基督教的情绪……（他们认为）如今恰好找到了一个绝好的嫁祸时机，他们将对国家和元首无礼的毁谤罪行扣到我头上，并且通过我还扣到了普通的基督徒头上。

（1891 年 3 月 6 日书简）

这个事件引发了一场被称作教育和宗教之冲突的论争。先是国家主义哲学家井上哲次郎打头阵，后来教育家和佛学家纷纷加入进来，他们攻击基督教奉行非国家主义、无差别博爱主义。对此，基督教方面奋力进行反击。植村正久指责那些夸耀国家主义的行为如同"炫耀私造纸币"一样（《日本的宗教观察》，1891）。大西祝则认为，"良民"不过是"代表社会惰性的人"（《批评心》，1893）。尽管一些基督徒做出了反击，但多数人却走向了忠君和信仰的调和之路。包括内村受难在内的这一事件带有一个显著的特征，那就是迫使人们去反省信仰自由和国家之间的关系。

再补充一句，内村所怀有的这种虔诚的基督教信仰也吸引了几名精神上苦恼的知识青年。他们是武者小路实笃、有岛武郎、志贺直哉、小山内薰等人。不过，他们并没有停驻于神的世界，而是背弃了内村，甚至为自己刻上了"叛教者"的烙印。从这个意义上说，对他们而言，对神的世界的凝望，是他们步入文学世界的跳板。

佛教的自我改革

佛教的自我改革源于对废佛毁释产生的一种危机意识，这可以说是佛教改革的直接动因。最初，废佛毁释激起了佛教界人士的护法意识，他们强化了同政府之间的联系，并承担起教化事业的一部分工作，在这个过程中，他们极力探寻保存佛教的路径。但是，佛教已无法回到曾经占据的地位，于是，涌现出各种提倡及尝试佛教复兴的声音。

其中尤为引人注目的是佛教思想家清泽满之，他身体力行，直面信仰革新的挑战。清泽出生于名古屋一个笃信净土真宗大谷派的家庭，尽管家境贫寒，却一心向学，由于得到寺院友人的推荐，他带着本寺院所给的费用进入了接收他的教育机构大谷派育英教校进行学习，随后又考入帝国大学的前身东京大学文学部哲学科，进而又进入研究生院专攻宗教哲学。不久，根据大谷派的要求，他担任该派经营的京都中学校校长。他在宗教热情的驱使下，开始了禁欲主义的自戒生活，但由于实践禁欲生活而造成身体衰弱，患上了肺结核。尽管遭受病痛的折磨，他还是投身到了宗门的革新中。他提倡教学第一，主张进行机构改革，并强烈要求寺院的住持引退。

然而，清泽的理想在现实面前破灭了。他在取名为"腊扇记"（所谓"腊扇"是指腊月或阴历 12 月的扇子，即不要之意）的日记中记录了他所经历的那些理想破灭的日子。不过，不久后，他在东京开办了私塾浩浩洞，并迎来了晓鸟敏等门生，与门生一同开始了新的生活。1901 年，他以私塾为根据地，创办杂志《精神界》。自杂志创刊以来，清泽一直笔耕不辍，他发表的一系列以"精神主义"为代表的文章后来被收进题为"精神主义"的书中（收录于《清泽文集》）。

自称为"迷闷者"的清泽是这样定义"精神主义"的：

> 吾人在世，必要有一个完全的落脚地……然吾人应如何获得处世的完全落脚地呢？盖除依靠绝对无限者外并无他法……而获得如此落脚地的精神发展之路，名为精神主义。

可以说，"精神主义"的提出再现了他所向往的《叹异抄》的世界，并形成了一种反论，那就是一心皈依"绝对无限者"会引向最终的自立。"我在祈祷他力的救济时，光明照进了我所处之地；我忘记他力的救济时，黑暗覆盖了我所处之地。"（《亲鸾圣人御诞生会之代祝词》，1903）与此同时，我们可以看到其中涌动着一种强烈地寻求"内观"确立的求道心。从这个意义上说，他所主张的精神主义，是要复兴那个被教团"篡夺"的宗教原点——信仰。

清泽满之提倡的精神主义，与他自身刻苦精进的身影重叠起来，而那清爽的形象也在思想界引起了反响。日本在经历中日甲午战争后迈入产业革命之路，世俗、物质、竞争、拜金、功利等潮流一次次侵袭而来。在这样的社会浪潮中，精神主义仿佛一阵凉风，沁入了人们想要与之对抗的内心。加之，当时，对唯物功利主义的怀疑也引起了一股禅热，因而可以说人们对精神主义的关心日益高涨。清泽满之通过凝视内心而树立起近代的信仰，从而吸引着那些对近代产生怀疑的心灵。

《叹异抄》的复兴

这场回归开祖亲鸾[1]的精神主义运动，在教团和教义两方面都蕴含着使净土真宗从本愿寺教团中兴之祖莲如[2]的手中解放出来的萌芽。就教团而言，越是追求信仰的纯粹性，越是迫切需要对那以维持或扩大机构作为首要目的的教团进行改革。而从教义来看，莲如超越了亲鸾教义中的核心思想——"正信偈"

1　亲鸾（1173—1262），镰仓时代的僧人，净土真宗的开山祖。幼时出家入青莲院慈圆门，后成为比睿山天台宗的僧侣。29 岁拜法然为师，专研净土宗教义。1207 年净土宗遭禁时，被流放到越后国。后在常陆国等地弘扬佛法，强调绝对他力。代表作有《教行信证》《愚秃钞》《净土文类聚钞》等。亲鸾死后，净土真宗内部产生了各种分歧，甚至有违背亲鸾口传真信的异说，为去除这些疑虑，亲鸾的弟子唯圆集结他传法的语录，撰述了《叹异抄》。——译者注

2　莲如（1415—1499），室町时代的僧人，净土真宗本愿寺第八代法主。1465 年，大谷的寺院被比睿山僧徒烧毁后，移居越前吉崎，以北陆为中心传法。后在山科和大阪建立本愿寺，巩固了本愿寺教团的发展基础，被称作"中兴之祖"。——译者注

与"和赞"，他对那犹如禁书一般的《叹异抄》表现出渴仰之念。实际上，历史学家辻善之助在伊势的高田派专修寺发现了 30 多份亲鸾的真迹，并由此撰写了《亲鸾圣人笔记之研究》(1920)，将成果公之于世。在此之前，亲鸾本身是否存在就是一个模棱两可的问题。在这场运动中，绝对他力、恶人正机说以其所富有的极强冲击力而得以复兴。在清泽死后，其弟子晓鸟敏在《叹异抄讲话》(1911) 和一些讲演中进一步弘扬了绝对他力和恶人正机说。晓鸟敏在读真宗大学时，一直在寻求如何拯救丑恶的自己，他博览真宗的经典，发现了被视作"禁书"的《叹异抄》，幡然醒悟，并由此获得了救济之路。

《叹异抄》的复兴引发了真宗教团内的异端教义问题，那些不同于亲鸾所宣扬的信仰被视作异端教义，与此同时，它也使一些人强烈地意识到道德、地位、名誉等社会认可的价值与内心的罪孽感之间存在着矛盾，并使他们感受到能够寄托自己精神的思想之书已经到来。真宗拥有最大规模的教团，其影响遍及各地，并深深扎根于庶民之中，也一次次成为近代知识分子仰望的标杆。

如此一来，在近代日本，镰仓佛教的改革者亲鸾尤其作为知识分子的救济者而得以重新"复活"，《叹异抄》成为满足知识分子救济愿望的经典。比如，木下尚江的《法然与亲鸾》(1911)、仓田百三的《出家及其弟子》(1917，该书带来了一股亲鸾流行的热潮)、家永三郎的《日本思想史上否定之论理的发展》(1940)、三木清的《亲鸾》(未完的遗稿)、龟井胜一郎的《亲鸾》(1944)、服部之总的正续《亲鸾笔记》[1948—1950；作者另著有《莲如》，（1948）]、野间宏的《叹异抄》（1969）、《亲鸾》（1973），这样串下来的话，我们可以看到亲鸾所主张的绝对他力的信仰或思想是如何深刻地影响着近代人，并帮助他们解决烦闷问题的。在丹羽文雄的文学作品中，其思想根底便潜藏着这种真宗观念，在烦恼的地狱中可否获得救济？这正是他的作品探讨的主题。[他的作品有《亲鸾》全 5 卷（1969）、《莲如》全 8 卷（1982—1983）。有关亲鸾思想对近代日本影响的研究成果主要有：福岛和人的《近代日本的亲鸾》（法藏馆，1973）、今野达等人编著的《岩波讲座：日本文学与佛教》第 10 卷《近代文学与佛教》（1995）等。]

妙好人是指笃信净土真宗而在家专心念佛的居士，这被铃木大拙和柳宗悦称赞为信仰的原点，我们也可以从中看到另一类人流露出的内心，他们想要寻求的是一种与信奉人力、充满争斗的近代所不同的路径。在铃木的《日本的灵性》（1944）和《妙好人》（1948），以及柳宗悦以《因幡之源左》（1950）为代表的诸多随笔（寿岳文章编《柳宗悦：妙好人论集》）中，他们描绘了各式各样的妙好人，这些妙好人是"蒙受他力之恩泽，过着清净信仰生活的人"中"最令人尊敬的信者"（《因幡之源左》）。

在近代日本，镰仓新佛教中的另一名创始人日莲也被人们重新发现。但是，与那些崇奉亲鸾的人多寻求个人救济不同，尊崇日莲的人则怀揣着救济国家、社会及宇宙的志向。我们可以从高山樗牛、田中智学、北一辉、石原莞尔、妹尾义郎、宫

泽贤治、牧口常三郎等人的思想中看到日莲信仰的影响。[关于
这方面的研究，可参考户顷重基的《近代社会与日莲主义》（评
论社，1972）一书。]

各种信仰的革新并没有完全从结构上改变日本人的信仰体
系。而且这些革新都止于尝试或挑战。尽管如此，在革新的过
程中，人们展现出一种不断进行探求或否定的精神，这为近代
思想的发展留下了难以磨灭的足迹。

第 6 章

国体论

水户学与国体论的构建

在近代日本,"国体"是一种束缚日本人的观念。它是指日本独特的国家体制,即日本从过去到现在再到将来,皆以天皇为统治权的总揽者。这个词带有一种不可侵犯性,它使国民感到畏惧。

国体原指国家的形态和体面,但伴随着幕末时期对外危机的到来,这个词逐渐具有了表示日本独特的国家体制的含义,以至被人们广泛使用。这个意义上的国体观念,正是水户学所强烈提倡的。

正如第 1 章"幕末时代"中所提及的,水户藩藩士会泽安(正志斋)的《新论》(1825,《新论·迪彝篇》)是一部具有划时代意义的作品,它使国体观念浮现于人们的视野中。这一时期,外国船只频繁地驶入日本近海,1824 年发生了英国人登陆水户藩大津口岸事件。在这起事件中，会泽担任翻译，与外国人进行笔谈，他强烈地感受到一种危机感，随后向藩主呈上了自己的主张，这便是后来的《新论》。会泽是如何看待当时严峻的现实状况的呢？我们可以从文章的开头部分窥见一斑。

> 谨按 神州者太阳之所出，元气之所始，天日之嗣，世御宸极，终古不易。固大地之元首，而万国之纲纪也……而今西荒蛮夷，以胫足之贱，奔走四海，蹂躏诸国，藐视跛履，敢欲凌驾上国，何其骄也。
>
> ［《水户学》(《日本思想大系》53)］

这里提到了"太阳之所出""元气之所始""大地之元首""万国之纲纪"等话语，我们从中感受会泽极尽语言之能事，力图赋予日本以价值的强烈愿望。所谓"天日之嗣，世御宸极"，是指太阳神的子孙天皇继承皇统的意思，此处也被赋予了一种价值，那就是日本是无与伦比的。不过，其中也蕴含着这样的一种认识，即西土的蛮夷正威胁着"上国"（即尊贵国家）的安全，他们岂能如此傲慢。这种强烈的危机感促使他为日本赋予了特殊的价值。

正是由于他的思想根底蕴藏着这样的意识，他才会写出《新论》。卷首部分便是"国体"章节。《新论》是由国体、形势、虏（夷）情、守御、长计五个主题构成的经世论。而开头的"国体"部分分成上、中、下三章，可见其比重之大，并且，它也是后面各章的根干。

会泽在书中并没有对"国体"做出定义。但是，会泽想要表达的思想，则在"国体"部分的开头一节中清晰地体现出来。

> 帝王之所恃以保四海而久安长治天下不动摇者，非畏服万民、把持一世之谓，而亿兆一心，皆亲其上而不忍离之，实诚可恃也。

然而，回顾历史，会泽笔下的这种秩序不过是一种愿望罢了。因此，他追寻着一个又一个的史实，从而着眼于这样一个问题，那就是：昔日的国家图景是如何脱离理想化的构想的，特别是在对外关系上？会泽口诛笔伐，肆意纵笔。他所强烈渴望的正是理想的国家构想。

其中值得注意的是，"万民""亿兆"开始进入了人们的视野。这里潜藏着一种人们担心会被外夷诓骗的恐惧感，因此，为了凝聚人心，必须要格外强调国体，这就是会泽文章的脉络。如此一来，国体论便发展出以三个要素为核心的论述，这三个要素是：天皇的一系支配，天皇和亿兆之间的亲密性，亿兆自发的强烈的奉公之心。

会泽毫不怀疑人民对幕府的忠诚，但却保持着对人民的蔑视和猜疑，正因为如此，当面临危机时，他才会笔致清晰地描绘出"一君万民"这样一种理想的形象。他的这种构想紧扣人们的心理，在克服危机时，人们亟须寻求观念上的支撑乃至指针，于是，人们纷纷抄写该书，或将其视作无名氏的著作拿来印刷。该书自问世以来，颇有洛阳纸贵之势，并使水户学之名走出水户一藩，从而在志士中间轰动一时。与此同时，这也是国体论作为思想而独立的过程。

作为"经典"的帝国宪法与《教育敕语》

伴随着明治维新的推进，国体论被提升至作为国家思想根干的地位。如果我们追溯那些诏敕中所使用的"国体"一词的来龙去脉，就会看到 1868 年旧历 8 月 7 日颁布的《奥羽处分之诏》中首次出现了"政权同归一途，人心若不统一，何以持国体"。此处包含了一种向朝敌宣示朝廷正统性的动机。随后，国体论经历了过渡阶段，1889 年 2 月 11 日公布的《大日本帝国宪法》及次年 10 月 30 日颁布的《教育敕语》，使得国体作为制度上和精神上的天皇制而被最终定型。

由于帝国宪法的颁布，日本成为立宪国家，不过，在宪法的 76 条条文中，有关天皇"大权"的部分是最受重视的。众所周知，该部分内容占据了开头的 17 条，自第一条"大日本帝国乃万世一系之天皇统治之"开始，详细地规定了天皇拥有的权力：男性皇子皇孙的皇位继承权、统治权的总揽，以帝国议会的辅佐来行使立法权，法律的批准、公布、执行权，帝国议会的召集、开会、闭会、停会及众议院的解散权，紧急敕令及敕令发布权，文武官的任免权，陆海军的统率及编制权，

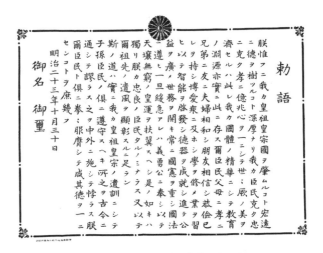

《教育敕语》（明治时期书法家金井之恭书，1890）

宣战、媾和权，戒严令发布权，荣典的授予权，大赦、特赦、减刑及恢复权利的命令权。在这种国家权力结构中，国民被视作"臣民"。

《教育敕语》继承了帝国宪法的理念，旨在从内在培育和教化"臣民"。不仅有"我皇祖皇宗,肇国宏远,树德深厚"的话语，还包括了与此相应的"我臣民克忠克孝，亿兆一心，世济其美，此我国体之精华"等内容，这篇由315个字组成的敕语成为国体论的"经典"。《教育敕语》通过学校教育和各种仪式，向国民昭示了它乃最高的规范，并要求人们将其内容铭记于心。

在国体论的确立时期，最令人注目的是它的设计者、宣传者、解释者，他们分别是宪法领域的学者穗积八束、敕语解释方面的专家井上哲次郎。穗积是帝国大学法科大学（现在的东京大学法学部）的教授，而井上是该大学文科大学（现在的东京大学文学部）的教授。

穗积负责法科大学宪法学讲座，他的宪法论始终贯穿着绝对主义的君主主权论路线。在帝国宪法发布后的第三天，他受大学校长的委托，在法科大学举行了一场题为"帝国宪法之法理"（1889）的讲演，其中，他对宪法第一条做了这样的解释：

> 本条之要点在于规定国体。所谓规定国体，是指规定统治权的主体和客体。根据本条之明文规定，统治的主体在于万世一系之天皇。而统治的客体则在于大日本帝国。
>
> （穗积重威编《穗积八束博士论文集》，有斐阁，1943；原版于 1913 年刊行）

穗积在法理上以国体守护者自居，而他对形成国体基础的家父长制式的家族制度的拥护也是极为激进的。1890 年，在被政府聘任的法国学者保阿索那特（Gustave Émile Boissonade de Fontarabie，1825—1910）的影响下，极具个人主义色彩的民法典最终编纂完成，并由明治政府公布。当时，围绕这部民法的实施或延期展开了激烈的民法典论争，而穗积正是延期派的战将。关于这场论争，穗积的代表性论文《民法出、忠孝亡》（1891，收录于前述《穗积八束博士论文集》）针对基督教式的个人本位的法理，提出日本是祖先教的国家这一构想，对民法的延期以及实质上的改废产生了巨大的影响。他这样说道："民法的条文首先是在排斥国教、毁灭家族制的精神下形成的……其有悖于三千余年的信仰"，"万世一系之主权与天地共长久"。1898 年，由穗积担任委员，参与制定的以"家"制度为家族法核心的新民法公布并实施。

伴随着《教育敕语》的颁布，敕语的注释书也层出不穷。其中，井上哲次郎所著的《敕语衍义》（1891）由文部大臣亲自撰写序言，是一部具有半官方性质的注释书。该书经过八、九稿的修改，从内容到整体的文章辞句，井上曾向加藤弘之、中村正直等八十余人征询过意见，以期文字能达到尽善尽美。此后，该书作为教科书、参考书，被广泛用于师范学校和中学等学校的修身教育中。

然而，井上却因自己在《敕语衍义》序言中写下的一句话而遭到他人的攻击。"若无故侮慢或伤害主君，会妄生扰乱上下秩序之端绪"这句话被一个名叫遂志生的人（井上推断这个人为儒学家内藤耻叟）所抨击，遂志生指责道，若有故，是否可以侮慢、伤害君主呢？井上当即删除了"无故"的字眼，并不得不将上面文章的前半部分改为"若侮慢或伤害君主"（国民精神文化研究所编、刊《教育敕语涣发关系资料集》第二、三卷，1939）。由此可见，国体论的不可侵犯性竟如此强烈。自 1891 年发生内村鉴三不敬事件以及次年发生久米邦武主张"神道乃祭天之古俗"的事件以来，日本社会逐渐形成了一种知识土壤，当有人宣扬"国体"二字时，人们不得不陷入沉默。

面对国体论几乎已固着于日本的情形，20世纪初涌现出了国体论的挑战者。这就是北一辉和幸德秋水。

挑战者

24岁时，北一辉自费出版了大作《国体论及纯正社会主义》（1906），这部从正面批判国体论的著作一经问世便震惊了读者，出版不到十天就被禁止发售。在这本书中，根据进化论的观点，北一辉论述了人类生存的单位由家庭发展至部族，进而进化到国家的过程，他还展开了一种国家构想，即国家将从君主拥有主权的家长国家进化为国家本身是主权主体的公民国家。他从这个角度出发来主张强化国家，与此同时，他也对将国家视作君主所有物的国体论进行了猛烈的抨击。

北一辉提出，那种认为日本拥有"万邦无比的国体"的国体论由以下两个论据所构成：第一，所谓"国民乃一家之赤子，天皇作为家长，乃民之父母也"的君臣一家论；第二，所谓"日本民族皆忠孝，扶翼万世一系之皇统"的皇统扶翼论。他斥责二者皆是"由妄想所捏造出的""泥偶"，并极力想要将其"粉碎"。

在他所提到的第一个论据中，穗积八束可以说是他批判时的"钓饵"。比如，他这样说道："穗积博士若见过实际存在的人物天照大神的话……就应该清楚，天照乃一女性，如何能繁殖八百万人口呢。"于是，北一辉视穗积八束为"国体寺之方丈"，并贬斥他为"将《古事记》《日本书纪》奉作《圣经》的神道迷信者"。

北一辉还指出，从现状来看，君臣一家论已经显现出破绽。当人们意识到以下情形：欧美人已经可以取得日本国籍，而中日甲午战争和日俄战争后，日本已分别将中国人和俄罗斯民族囊括进来，并且在追溯历史时想到日本拥有各种各样的"归化人"的事实后，只会认为那基于单一民族说而形成的君臣一家论已经崩塌。北一辉指斥，这样一个将多民族囊括进日本的政策代表者就是天皇，他甚至一针见血地批判道："国体论的破坏者乃现天皇陛下也。"不仅如此，他还提出日本民族本身就是一个"混合着杂种"的民族。

在提到的第二个论据中，他将历史事实摆在眼前，采取了揭露"妄想"的手法。他首先认为，"那被称作神武纪元后的一千年间的原始生活时代"如同虚构一样，因此主张从历史中将其删除。接着，他指出古代不过是苏我氏和藤原氏的专权时代，而关于武士掌握霸权的中世，国体论者无不视这段历史为一个例外，但他却驳斥道，那"漫长的一千年的中世史""何为例外"？进而他还提出了一种翻转国体论历史认识的历史图景，反而认为"例外是那些皇室的忠臣义士，大多数国民乃乱臣贼子"。故"日本历史中所谓二千五百年间拥戴皇室的结论皆是显而易见的谬论"。

这就是北一辉意图粉碎国体论之"泥偶"时的笔锋。从揭露既有的权威这一点来看，他的论调几近完美，在他的眼里，日本仿佛"迷信"权威的"养子"，他将这样的日本国家斥责为"土人部落"，并期望日本人向"类神人"进化。他在论述的过程中

也萌发出一种态度，即要从依靠新的精英来进行统治的路线中
寻求进化的突破口。

有一种观点认为，幸德秋水最初其实是避免与国体论进行
对决的。他在《社会主义神髓》（1901）的附录"社会主义与国体"
中提到了国体，但是在这篇文章中，他提出"社会主义要打破
富裕阶级，即如同维新革命打破武士阶级一样"，强调社会主义
与国体并不存在矛盾。当时，社会主义有害于国体的认识在日
本社会广泛蔓延，而幸德的这种论述可以说是一种驳论。

但是，日俄战争后，变身为无政府主义者的秋水，开始改
变自己的那种思考框架。他虽然没有从无政府主义的立场展开
完整的国体论批判，但却提出了自己所渴求的绝对自由与君主
制绝不相容的观点。他列举了奥地利皇后、意大利国王、法国
总统等人被暗杀，以及西班牙国王、美国总统遭遇暗杀未遂等
一系列事件，指出这些事件就是"真个文明、真个太平之兆"（《病
间放语》，1908）。而在所谓的大逆事件[1]发生后，他在狱中写下
了遗著《基督抹杀论》（1911），否定基督这一历史人物，通过
这种"隐喻"手法，使我们读出了他对国体神话的否定。他一
边否定国体，一边也对与国体完全对立的"共产主义"表现出
渴仰之念。在他所翻译的克鲁泡特金（Peter Kropotkin）的《面

1　1910 年，日本当局声称破获了一起社会主义者和无政府主义者企图用炸弹暗杀
　明治天皇的事件，并以此为由展开了一场针对社会主义者和无政府主义者的镇
　压。幸德秋水等社会主义者被逮捕，包括他在内的 24 名被告被判死刑。"大逆
　事件"发生后，社会主义进入了"寒冬"。——译者注

包略取》（1908 年秘密出版，次年提交出版申请，但很快被禁止发售）中，他引入了"共产主义"的概念。（参照第 11 章"社会主义"。）

农本主义

在奠定国体论的基础时，构成其支柱之一的是被称作农本主义的思想。

农本思想由来已久，这种思想将农业视作国家和社会的基础，并与记纪神话以及人们对稻子的信仰连接起来。在日本神话中，天孙降临时天照大神所发表的敕令，确立了天皇作为统治者的牢固地位，因而被称作"天壤无穷之神敕"，在这条敕令中，日本被比作"丰苇原千五百秋瑞穗之地"（《日本书纪》，"神代天孙降临"章中的一节）。

进入近世后，农本思想构成了经世思想的一环，获得了更大的发展。这一思想的发展有其深刻的背景。江户时代，处于被支配地位的农民构成了统治阶级的统治基础，儒教的仁政思想被视作强有力的意识形态，但由于商业的发展，农村社会逐渐陷入凋敝，为了抵制商业的侵蚀，当时社会兴起了尊重农耕的思想。而安藤昌益所追求的正是"直耕"的"自然世"，由此可以说他是一个激烈的农本思想的主张者。

近代以来，工业化成为日本近代化发展不可欠缺的重要课题，但农业却未受到足够的重视。政府靠征收地税来为富国强兵提供资金，而由此确立起来的寄生地主制却导致了农村贫困的常态化，这成为日本近代化历程中最显著的一个畸形问题。近代日本具有代表性的农政家和农政思想家横井时敬、山崎延吉，以及年轻的河上肇、柳田国男等人，他们虽然拥有各自不同的风格，但却都以农本思想为依托，尝试着解决那被视作宿疾的农村疲敝问题。武者小路实笃还在宫崎县建立了"新村"，孕育出以农耕为基础的小乌托邦之梦。

　　但是，农村问题并没有得到根本的解决，第一次世界大战后的萧条，特别是昭和经济危机（昭和恐慌）给农村造成了毁灭性的打击。面对农村的衰败状况，以农村为基础的农本思想产生了一种被逼到绝境的感觉，于是农本思想家一口气爆发出了对国家、社会、世界所怀有的怨念。那些被视作享乐和腐败根源的西洋、都市、现代主义、唯物主义、拜金主义等遭到了农本思想的诅咒，一种取而代之的本土观念迅速地出现在人们的视野里，那就是使农本回归原来的面貌。农本主义者对政党政治的不信任感逐渐增加，在他们之间催生出一种期望独裁统治的论调，并为走向法西斯主义奠定了思想基础。这一时期，农本思想发展为农本主义。[关于"农本思想"（《国史大辞典》11，吉川弘文馆）的概念，岩井忠雄在《国史大辞典》中精练地论述了农本思想、农本主义的历史变迁。]

　　而橘孝三郎便是提倡这种农本主义的代表人物。他出生于茨城县的一个地主家庭，后考入第一高等学校，由于醉心于托尔斯泰和罗伯特·欧文（Robert Owen）的思想而选择退学，回乡后创建了一个共同体组织，这个叫作"兄弟村"的组织与武者小路实笃的"新村"齐名。后来，他打着"返还土地"的旗号设立爱乡塾，目的是培养出"土地上的勤劳生活者"。与此同时，他还站在救济农民的立场上，与海军青年将校密谋发动了武装政变，这就是1932年的五一五事件[1]。他在"满洲"自首后，被判处无期徒刑（后获减刑出狱）。

在橘孝三郎耳边回荡着的是，偶然同乘一辆火车时"纯朴的村中老人坐在一起"交谈的声音。他们有这样的对话：

> "无论怎样都令人怀念啊，要是日美战争快点开始就好了。"
>
> "是啊。如果那样的话，也许经济就会出现景气吧，可是，现在这种情况怎么能获胜呢？不管怎样美国很厉害啊。"
>
> ……
>
> "嗯，确实如此啊。不过，反正输了也不要紧，战争成败在此一举，干掉他们。胜利的话当然就成为我们的囊中之物，我们可以尽情地去夺取他们的金钱，要是输了的话，美国应该不会做那过分的事，反倒是成了美国的属国，也许会过得轻松吧。"

（《日本爱国革新本义》，1932）

---

1 1932年5月15日发生的以海军激进派青年将校为中心的叛乱事件，武装的海军青年将校攻进首相官邸，首相犬养毅被杀。一般认为，该事件之后，政党政治衰退。——译者注

为了打破现状，橘孝三郎提出了他的国家构想，但究竟应该取名为"皇道国家国民共同体制"还是"国民共同体制王道国家"？他为此冥思苦想，最终描绘出一种理想的国家图景（《皇道国家农本建国论》，1935）。

"昭和"与国体

到了"昭和"时代，在限制人们的思想方面，国体论更是来势汹汹。

在进入"昭和"之前的 1925 年，政府制定并开始施行《治安维持法》。其中第一条便规定"以变革国体或否认私有财产制度为目的而组织结社，或知情并加入结社者处十年以下有期徒刑或监禁"，于是，"国体"二字出现在了法律条文中。三年后，该条文根据紧急敕令，将"变革国体"和"否认私有财产"两项分开，并且，违反前者的人，最高将被判处死刑。面对将"国体"视作"天皇制"的马克思主义及其运动的出现，《治安维持法》的修订赤裸裸地暴露出当局对马克思主义的恐惧和敌意。

自 1931 年所谓的"满洲事变"以后，伴随着战时体制化的实施，国体观念作为精神上动员民众的一个关键词，弥漫于日本的社会中。在此首先谈一下"替罪羊"问题。美浓部达吉的天皇机关说成为国体论者的攻击目标，他的宪法学说是站在国家法人说的立场上，主张天皇是作为国家法人的最高机关。自 20 世纪 10 年代初提出这种宪法学说以来，美浓部就遭到一些宪法学者的批判，指责他的天皇机关说违反国体，对此美浓部也进行了反驳，并由此而与批评者展开了论争。批评者是东京帝国大学负责宪法学讲座的上杉慎吉，他是穗积八束的后继者，与负责宪法学第二讲座的美浓部是同事。上杉的批判始于他发表的一篇题为"关于国体之异说"（1912）的文章，由此我们可以看到，从一开始"国体"便是论争的焦点。这场论争主要是在当时具有代表性的综合杂志《太阳》上展开的，虽然引起了世人的关注，但不过是一个学术上或言论上的问题。不仅如此，在民本主义的潮流中，天皇机关说在学界几乎已经成为定论，并且在司法考试中也被广泛认可和使用，可以说是国家公认的一种学说。

然而，1935 年 2 月，以破坏国体为由，天皇机关说在贵族院遭到攻击，随之，天皇机关说转化成一个政治问题。贵族院议员美浓部虽做了个人辩解，但贵族院及众议院议员们仍感到不满，而且，军部和社会上的抗议声也异常激烈。特别是，为"明征国体之本义"，一些议员提出"关于国体之决议"，要求政府"对于与国体不相容之言论，立刻采取果断的措施"，最终，众议院一致通过了这项决议。当时，在野党立宪政友会为打倒冈田启介内阁，也紧抓住这个问题不放。

迫于种种形势，政府于 8 月份发表所谓的"国体明征声明"，强烈批评那些"认为统治权不在天皇，天皇是行使统治权的机关，此乃完全错解了我万邦无比国体之本义"的学说和言论，并强调"政府期待国体之明征能愈加发挥其效，发扬其精华"。但是，

进行辩解的美浓部达吉（《东京朝日新闻》，1935 年 2 月 26 日）

军部和右翼势力的攻击并未停止，他们认为这份声明含糊其词。于是，政府又在 10 月份再次发表声明。其中，这样说道："统治权之主体不在天皇，而在国家，天皇乃国家之机关，如此所谓的天皇机关说甚有悖于我神圣之国体，并错解其本义，必须要严加排除。"因此，天皇机关说问题也被称作国体明征问题。这样一来，天皇机关说被排除，当局以国体之名对宪法学说做了规定。而美浓部也接受了检察当局的调查，辞去贵族院议员之职，甚至还遭人袭击而负伤。（以上参考了宫泽俊义的《天皇机关说事件——史料的讲述》上、下，有斐阁，1970。）

1940 年，在所谓的皇纪即神武纪元二千六百年的纪念庆典举办前，津田左右吉的记纪研究遭人揭发，被谴责为破坏国体。揭发者援引冈田内阁的国体明征声明，认为"津田氏所论，从根本上否认了日本国体的成立渊源及神代上代的史实"，斥责其为"国史上完全别无他例的思想大逆行为"（家永三郎，《津田左右吉的思想史研究》，岩波书店，1972）。在此事发生的前一年，津田事件的揭发者蓑田胸喜等人结成了一个名为"帝国大学肃正期成同盟"的反共右翼团体。12 月 19 日，以蓑田为首、包括林铣十郎和头山满在内的 107 人联名发表"声明书"，结成同盟以整饬帝国大学自由主义学风。他们极尽口舌之能事，强烈批判津田左右吉及其学说，称津田的思想是令"美浓部'机关说'亦退避三舍"的"消灭国体、灭绝人道的虚无主义的妄想"。正是由于蒙受这些人的攻击，津田的著作被禁止发售，而他本人和出版人岩波茂雄也遭到了起诉。

国体论的猖獗程度可见一斑。竹山昭子的《战时下的广播演讲》（《年报·近代日本研究》12，1990）可谓是一篇分析战时体制下那些具有代表性的用语的作品，她列举了 1937—1944年的"关键符号"，其中排在前 13 位的分别是：1. 圣旨、2. 一亿一心（以及其同义词，以下省略）、3. 东亚新秩序、4. 御稜威、5. 国体、6. 大御心、7. 动员、8. 共存共荣、8. 尽忠报国、9. 皇恩、10. 臣道、11. 世界新秩序、11. 大和魂，而关于天皇的前 11 种关键词有：1. 圣旨、2. 御稜威、3. 国体、4. 大御心、5. 皇恩、6. 万世一系、7. 奉安宸襟、7. 皇道、7. 大君、8. 皇威、8. 上御一人。

我们从中可以看到，这些关键词几乎被国体用语占据。1937年，文部省刊行了《国体之本义》，并分发给全国各学校、教化团体和国家机关，这本书为国体观念的渗透提供了后盾。该书认为，在日本"肇国"的事实中，国体的根基一直闪耀着光芒，并强调日本是一个大家族国家，臣民绝对服从天皇是内心自然的流露，这一观念通过学校教育进一步渗透到民众的意识中。

正因为国体会使人产生一种畏惧的心理，因此几乎没有人会从正面对国体进行否定。面对检察官的调查，美浓部强调自己的学说"反倒是合乎我国体之本义，并能使之进一步得到发扬"，并且，他还采用了这样的一种阐释方法，即"从国民感情上说，我也认可天皇即国家的观念"，但"从法律上来看，是不可能将天皇与国家完全视作同一概念的"（见前述《天皇机关说事件——史料的讲述》）。津田在一审判决后提起了上诉，他在上诉书（1942）中称自己的研究是为了"阐明关于尊贵庄严的国体之起源及本质的观念，因此无论受到怎样的学术批评也毫不动摇，要将国体的观念置于坚固的基础之上"，并认为自己的研究正是奠定国体观念基础的"一个基石"（《津田左右吉全集》第24卷，岩波书店，1965）。

二人的真实想法和战术之间的边界极其微妙。不过，当揭发者标榜"国体"、将他们逼入绝境时，被揭发者却不能否认"国体"本身，必须要在赛场上与之进行战斗，而这才是国体论真正的恐怖所在。

即便在第二次世界大战败北之际，国体论仍发挥着它的威力。众所周知，在接受波茨坦公告时，当局曾围绕"护持国体"花费了很长时间进行讨论，最终在自己领会之下，以"护持国体"为唯一的条件，接受了投降。在所谓的终战诏书中还写道"朕于兹得以护持国体"云云。

伴随着民主主义的呼声，人们可以公开讨论国体论所具有的神话性，"国体"一词化为历史上的一个概念。但在此之前，我们还需要认识到，国体仍潜藏着一种令人畏惧的力量，并伴随有赤裸裸的暴力性。从这个意义上说，我认为，国体虽然变成了休眠火山，但并没有成为死火山。

第 7 章

生存权与人权

基本人权与近代日本

在《日本国宪法》中，"基本人权"和"生存权"两个词语是首次被写入其中的法律用语。宪法第 11 条"基本人权的享有"提到"国民享有的一切基本人权不能受到妨碍"。众所周知，这一条内容源于麦克阿瑟草案第 9 条 "The people of Japan are entitled to the enjoyment without interference of all fundamental human rights." 以及第 10 条提出的视其为永不可侵犯的权利。麦克阿瑟草案中并没有出现"生存权"一词，但是其中却明显包含有关于社会保障方面的规定，经过各种讨论，最终形成了宪法第 25 条"生存权、国家的社会使命""①全体国民都享有维持最低限度的健康和有文化的生活权利"等的条文。在宪法颁布以前的 1945 年 10 月，麦克阿瑟要求日本政府推进解放女性等确保人权的五大改革。

从这个意义上说，日本国民在历经第二次世界大战的败北后，首次获得了"基本人权"和"生存权"的保障，并成为行使这些权利的主体（不过，在麦克阿瑟草案中，被视作主体的"people"或"persons"，却在宪法中全部用"国民"来表达，值得注意的是，近年来陆续有人指出宪法关于"生存权"和"人权"的条文中并不包括外国人。比如，草案第 13 条"All natural persons are equal before the law. No discrimination shall be authorized or tolerated in political, economic or social relations on account of race, creed, sex, social, status, caste or national origin."的画线部分在宪法第 14 条①中变更为"全体国民在法律面前一律平等，在政治、经济以及社会关系中，都不得以人种、信仰、性别、社会身份以及门第的不同而有所差别"。

当然，即使在战前的日本，也并不是完全没有为确立人权和生存权而奋斗的人及运动。受民主主义思潮的影响，人们的头脑中或多或少都存在这个问题意识。在自由民权运动中，那些被视作国家构想的私拟宪法，如植木枝盛的《日本国国宪案》典型地反映出其已具备了详细规定基本人权的特征。

然而，在极力争取并拥护立宪制的思想和运动中，与谋求实现社会主义的思想及运动相比，那些旨在谋求个人人权和生存权的思想及运动，不过是社会思想及运动的一个支流，无法形成庞大的势力，还被逼入孤立无援的境地，并没有得到充分的评价。比起人权，自由民权运动也更倾向于重视民权。尽管人们频繁地倡导天赋人权论，但正如当时流行的民权歌曲《纵使歌》中所唱到的："纵使市民尚不自由，然若能保障政治自由也好。"在自由民权运动中，"民权"的顺序优先于"人权"。总之，当时的人们虽然对人权有一定程度的要求，但却更倾向于集中获取作为参政权的"民权"。[关于人权和民权，樋口阳一在《人权》（三省堂，1996）中的叙述富有启发性。]

直到 20 世纪 60 年代末期，战后日本社会走过四分之一世纪时，那被明确写入宪法的人权和生存权才开始成为一大社会主题（实际上这是从"画饼"变成权利的真正实现）。而奠定这一基础的则是所谓的朝日讼诉事件。1957 年，结核病患者朝日茂对生活保障制度提出了疑问，向厚生大臣提起法律诉讼，认为自己的生活保障并未达到宪法所规定的生存权的水准。但更直接的导火索则是 60 年代世界范围内兴起的反主流文化运动，以及因经济高速增长而形成的管理社会化，导致"异端分子"纷纷涌现，公害问题日益蔓延。此后，这个问题甚至成为社会问题争论的主要焦点。当提到这个问题的时候，我们有必要重新回顾一下战前日本那些提出生存权、人权问题的先驱人物的思想。

《日本的下层社会》与《女工哀史》

当我们谈及这个问题的时候，我们首先想到的是那些提出贫民问题的人。这就是《最暗黑的东京》（1893）的作者松原岩五郎、《日本的下层社会》（1899）的作者横山源之助等人。19

世纪 80 年代后半期，日本正逢所谓的资本主义原始积累时期，这也是失去土地的人们逐渐形成都市下层社会的时期。在资本主义化发展的初期，这些以记者为职业的人将目光聚焦于那些新产生的悲惨贫民，他们探访下层社会，详细地描述了实际的贫困状况，将贫困问题推到了人们的面前：看看这些人啊！比如，我们来看一下《日本的下层社会》。横山这样呼喊道：

> 世人只关注帝国议会，只关心议员的收买问题，只沉迷于村井弦斋和村上浪六的小说，只关注回向院的相扑赛，却没有人留意到占据大多数人口的下层社会，也没有人对那些女工的命运投以短暂的一瞥……

人们仿佛当这群人不存在一样，横山对这样的社会充满了愤怒。正因为如此，他必须去讲述下层社会的状况。他这样说道："将薪金压到最低，特别是还设计出奖金的陷阱，白白贪享别人的劳动，这几乎把人视作了玩物。这样的人必须予以排除。"

横山等人的作品对社会进行了细致入微的观察，同时也开拓了记录文学和社会科学的领域。流淌在这些作者心底的，是一股强烈的热情。特别是就横山而言，他迫切地希望那些被逼到绝境的人能恢复做人的尊严，这从语言的真正含义上来讲，就是人道主义。他们对"下层社会"的关心，其实也受到了二叶亭四迷的不少影响。[当时的各种生活观察和生活记录，收录于中川清编的《明治东京下层生活志》。而农商务省商工局

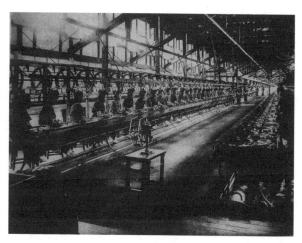

20世纪初日本纺织厂女工

编的《职工事情》（1903）则对工人的生存状态进行了详细的调查。]

　　继《日本的下层社会》之后，举世公认的经典著作便是细井和喜藏的《女工哀史》（1925）。这部作品以作者自己曾做过纺织工人的亲身经历为基础，并根据妻子敏绪提供的丰富材料而完成。该作品所描述的对象是基础产业中的纺织工业，所涉及内容从雇佣契约到劳动条件、工人遭受的虐待、集体宿舍、食物、工厂设备、工厂管理、工人的心理等，其中，作者详细而又赤裸裸地揭露了"女工"作为核心劳动力所遭受的境遇。书中贯穿着对那些惨遭残酷虐待的女工的深切同情，以及对施虐者的强烈愤慨，作者流露出的感情引起了读者的共鸣，从而使"女工哀史"一词成为当时社会的一个惯用名词。

作者细井因生活所迫，经常不得不更换住所。在该书问世一个月后，29 岁的作者离开了人世。在东京都港区青山陵园有一座"解放运动无名战士墓"，而这座墓的建立基金正是来自细井《女工哀史》的版税。以下是引自该书的一段内容：

> 主张废除公娼制度的论者高喊那些女性遭受了双重的束缚，但遭受双重束缚的并非只有公娼，女工也被双重的奴隶制度压迫。为赚取日薪而劳动的"薪金奴隶"和为预支工资而不得不"满期工作"——劳动时间结束后，她们还要在集体宿舍饱受种种桎梏，她们遭受的难道不是比公娼更为残酷的奴隶制度吗？

田冈岭云与"人道"

曾有一个人对松原岩五郎和横山源之助所指出的贫民问题做出敏锐的反应，这就是田冈岭云。田冈原名佐代治，他在土佐自由民权运动高涨的氛围中长大，后进入帝国大学文科大学汉学科学习，并以选科生[1]身份毕业。他富有反抗精神，求学期间曾在国粹主义杂志《日本人》上发表题为"海因里希·海涅"

1　明治时期以来，为改善本科生源匮乏的情况，东京帝国大学等大学纷纷招募"选科生"。"选科"虽按照"本科"对待，但要求学生只选规定学科的一部分课程，学生在使用学校图书馆等设施时也会受到一定限制，毕业后并不会获得"学士学位"。——译者注

的评论（1894），这是日本最早介绍海涅的文章，他借海涅来表达自己对自由的憧憬，讴歌了天才诗人对悲惨命运进行反抗的精神。

正因为如此，岭云对"贫民"的境遇倾注了无限的"同情"。他最早的评论集《岭云摇曳》（1899）收录了《人道》《诗人和人道》两篇文章，作品中充溢着对社会弱者的"怜悯"之情，而面对那制造出弱者的社会结构，他也流露出强烈的悲愤之情。以下内容引自《人道》：

> 他们之中的大部分人，已然败于优胜劣汰的社会大势，以致沦为贫民。至于他们犯下所谓的罪恶，反倒是由于他们败于优胜劣汰的社会大势而造成的……所谓文明、所谓开化，这些都剥夺了贫民的职业而以机械取代之，唯有使他们在饥寒中死去。
>
> （西田胜编，《田冈岭云全集》第1卷，法政大学出版局，1973）

这种义愤与人道主义的情怀，驱使岭云走向了否定作为悲惨根源的现代文明之路。在《恶魔式的文明》（1905，收录于《壶中观》）一文中，他更是直截了当地表现出否定文明的态度。他首先这样说道："余乃憎恶现代所谓文明者也，诅咒者也。何以憎恶之、诅咒之。"接着，他指出，之所以否定文明，是因为它偏于智巧性、实验性、归纳性、科学性、乏味性、机械性、人工性、写实性、形而下性、分析性、抽象性、功利性等。家永三郎评价岭云为"反近代主义"的思想家（《传奇的思想家的生涯——田冈岭云之人与思想》，岩波书店，1954）。可以说，反近代主义是最早指出近代弊病的一种思想。

废娼的思想

对保护人权而言，废止公娼制度是不可欠缺的课题。在这一方面，以山室军平为司令官的日本救世军和以矢岛楫子为会长的日本基督教妇人矫风会（后为久布白落实等人领导）发挥了巨大的作用。救世军为娼妇的自由停业问题挺身而斗，而矫风会则为救济这些女性和改革相关制度奔走呼号。从前者的机关杂志《时之声》（创刊时为《鬨之声》）与后者的机关杂志《妇人新报》（后改为《东京妇人矫风会杂志》，又改为《矫风杂志》）中，我们可以看到，救世军和矫风会一直致力于废娼问题的解决。1911 年，岛田三郎、矢岛楫子等人结成了以救世军、矫风会等中的基督教徒为中心的廓清会（会长为岛田三郎，副会长为矢岛楫子、安部矶雄），并创办了机关杂志《廓清》，他们从事活动的目的是集中力量解决废止公娼的问题。在《廓清》创刊号的编辑后记中，有这样一段话：

身为立宪国之臣民，我们还能享受明治之圣世，然我等同胞之人权却惨遭蹂躏，其自由被束缚，而无法自在活动，既然我们知道她们所处之状态，为何能放任置之呢？来吧，人道之战士哟。

这些运动中混杂着形形色色的动机，比如，认为去除卖春的"丑业"会净化风俗、道德，能真正实行一夫一妻制，装扮好文明国的门面，一扫"海外丑业妇"这一"国辱"等。不过，这些动机中当然存在着一个基调，那就是他们都抱持着一种信念：使人身买卖终止，拯救那些成为人身买卖对象的女性。1921 年，在国际联盟总会上结成的"关于禁止买卖妇女及儿童的国际条约"进一步推动了废娼运动的发展（日本政府于 1925年批准了该条约，但其条件是，禁止对象不再是未满 21 岁的卖春女性，而是未满 18 岁的卖春女性，并且殖民地不适用该条件）（市川房枝编辑、解说，《日本妇人问题资料集成》第 1 卷《人权》，DOMESU 出版，1983）。

在废娼运动中发表的几个废娼决议和请愿书，皆提出了"公娼制度有悖于正义人道"的废娼理由。也有请愿书主张"公娼制度以买卖人身和束缚自由的两大罪恶为其内容，事实上就是奴隶制度"。矫风会的久布白落实积极活跃于废娼运动，并成为运动的领导核心。在国际联盟的条约签署后，她咨询议员、律师等专业人士的意见，制定出卖春制度禁止案，并交由议员，于 1922 年第 45 届帝国议会上提交草案，这一议案被誉为"关于妇女人权保护的法律案"。

虽然最后卖春制度禁止案未被通过（这个时期，也有人提交了同样主旨的建议和请愿），但该法律草案堪称人权思想的结晶。比如，该草案第 1 条规定"无论何人，以满足自己或他人之情欲为目的而掠夺或诱拐妇女者，处两年以上有期徒刑"，并提出，包括监护人在内的、事实上参与人身买卖的人都应受到刑事处罚，与此同时还主张为"艺娼妓"的自由停业提供最大限度的保障（日本基督教妇人矫风会编，《日本基督教妇人矫风会百年史》，DOMESU 出版，1986）。针对这场轰轰烈烈的废娼运动，一些卖春业者也展开了反对废娼的运动，他们屡次打出了"守护家族制度之美风"的旗号。从这个意义上说，废娼与存娼的论争呈现出人权与家族制度对决的样貌。

田中正造

为生存权与人权的思想史树立起"金字塔"的正是田中正造。年轻时，田中正造曾做过名主，是一名民权运动家，还担任过议员，在他年届五十之际，又着手解决足尾铜矿的矿毒问题，并为之奉献了余生的二十多年光阴。田中的斗争精神可谓家喻户晓。与其这样说，倒不如说家喻户晓这一事实本身就是伴随近年来人权思想的高涨而形成的一种现象。在 20 世纪 60 年代的教科书中，他的名字甚少被提及，但现在在所有的高中日本史教科书中都能看到他的名字。

足尾矿毒事件的历史经过分为两个层面。一个是渡良濑川流域的矿毒问题，另一个则是为解决矿毒问题而将谷中村用作

1895 年的足尾矿山

蓄水池的问题。当田中正造指出铜矿存在矿毒问题时，他的斗争就已经开始。他不停地去帝国议会提出质问，与受害民众一同采取抗争行动，还拦车向天皇发起直诉，甚至居住在即将被淹没的谷中村，以此进行抵抗。

最初，田中所指出的问题主要是，古河矿业的欺瞒以及其与政府存在勾结、田地的荒废造成受害民众的资产及收入大为减少等。但在 1896 年渡良濑川发生大洪水并排出矿毒后，他的思想发生了显著的变化，他逐渐认识到，问题的本质在于人们的生命正遭受践踏。他去受害地区视察，了解到受害者被逼入困境的真相：尽管他们知道自己是受害者，不，正因为他们知道自己是受害者才想要隐瞒自己的受害情况。而且，田中也目睹了矿毒对母胎的影响，矿毒不仅增加了死胎的产生，也威胁到了婴幼儿的生命。在经过实地走访后，田中吐露出自己内心的看法："侵犯所有权，侵害生命，损害名誉权利，却没有拯救方法"（《关于宪法无保护被害民之事的请愿书草稿》，1898），"最终杀害了很多人，而尚不予以重视，只认为矿毒有害于田地而不存丝毫顾虑，实在令人可悲"（写给三宅雪岭的书信，1900 年 10 月 17 日）。在田中看来，那些因矿毒而死去的人是"非正常死亡的死者"。

在他思想的根底，蕴含着一种身为"百姓"（田中自传的开头便是"予乃下野国之百姓也"这一句话）的感觉，"百姓"在自然中活着，他们以培育农作物及促进生命生长为自己的职业。他在日记中写道："生者必不灭，生者必生。"（1911 年 5 月 28 日）尊重生命构成了田中思想的原点。因此，他才会不惜一切去揭露那种损坏生命的文明和人为行为。

正是因为体味到人的生命在遭受侵害，田中才明确地意识到这是关涉人权、人道、人类的问题。与此同时，他也把这些问题普遍化了。从他所写的"不可须臾离、不可弃之不顾之事有：第一，天赋人权；第二，法律上之人权""关于妇女母乳不足之事、人道问题""自家虽无人死，而人类却被杀之问题"（以上均出自 1901 年所写的书信）等话语中，我们可以看到人权、人道、人类等词，字字雪亮，可谓掷地有声。身为自由民权家，他曾为实现民权而四处奔走，当他为解决矿毒事件奉献自己的力量时，这足以表明他成了人权的主张者。

田中最后选择留守在谷中村，这一举动更是深化了生存权与人权的思想。这一点从田中的法律观念中充分地体现出来。他对政府的恣意执法，常常表示出强烈的愤慨。比如，他在日记中这样写道："今日之法律犹如枪箭。若不遮挡，必将人射杀。民声在呐喊。"（1909 年 8 月 1 日）面对那些肆意膨胀的法令、命令、训令，他以宪法为依据不断地进行反击。但是，宪法在人权面前也不过是一种相对性的法律。"凡宪法者，若违背人道即要破除之，若违反天地之公道即要破除之。"（《关于破坏宪法破坏人道之请愿书》，1909 年 3 月 20 日）他认为，终极的价值在于人权。"人权亦重于法律。合乎人权之事，不在法律，而在天则。国家之宪法出自天则。只可惜，日本宪法出于日本式之天则，并非出于宇宙之天则。"（日记，1912 年 3 月 24 日）提倡人权的田中也倡导"恢复妇女人权"，主张废娼。[由自传、演讲草稿、论策、日记、书信等构成的《田中正造全集》全 19 卷＋别卷（岩波书店，1977—1980）几乎网罗了他的全部文章，而《田中正造选集》全 7 卷（岩波书店，1989）则按照年代顺序，以主题分类的形式选编了他的部分文章。]

　　敬慕田中正造的年轻社会主义者荒畑寒村，在得知谷中村被强制征用后，一气呵成写下《谷中村灭亡史》（1907）。荒畑在书中简明扼要地叙述了足尾矿毒事件的经过，他对田中的斗争、谷中村的悲惨命运所怀有的悲愤之情跃然纸上。

全国水平社

人权的思想深深扎根于那种面对歧视时想要恢复人的尊严的欲求。从这个意义上说，被歧视部落形成了人权思想的熔炉。与此同时，在谋求改革恶劣的生活条件这一点上，这种人权思想也成为一种要求生存权的思想。

在部落解放思想方面，做出重大贡献的是中江兆民。在1888年于大阪创办的《东云新闻》上，兆民以被歧视部落民"大圆居士"之名发表了题为"新民世界"的评论，他在论述"平等乃天地之公道"的同时，也批判歧视者"不能从自家天性之束缚中解脱出来"（收录于前述《中江兆民评论集》等书中）。拥有这种部落解放思想视野的兆民，后来到了北海道，并敏感地觉察到日本人和阿伊努民族的关系。他将自己的愤怒倾泻而出："呜呼我同胞之日本人，真可谓贪婪本身、狡猾本身的凝固体"（《于西海岸之感觉》，1891，收录于《中江兆民评论集》）。这些话语呈现出兆民作为一名彻底的民权理论家所具有的面貌。

尽管1871年明治政府颁布了"秽多"与"非人"解放令，但仍存在着一些公然或隐蔽的偏见和歧视现象。在这种背景下，最初，出于对平等的诉求，部落民自主地开展改善运动，并参与了政府教化政策的改善和社会活动家组织的改善事业，不久，他们通过自己的行动，发起了一场争取解放的运动。这就是1922年结成的全国水平社，该团体的名称取自英国的水平派。

在京都的冈崎公会堂，水平社举行了成立大会，他们在会上宣读的宣言被称作日本最早的人权宣言。在这份宣言中，他们向"长久以来饱受折磨的兄弟"高声呐喊，回顾了过去各种"为我们开展的运动"，并总结道："这些充满同情和怜悯的运动反而使更多的兄弟堕落"，进而提出了结社的必然性："出于做人的尊严，在此我们发起了谋求自我解放的集体运动"。与此同时，他们也表明了自己的基本态度：

> 我们绝不会用卑屈之语言和怯懦之行为辱没祖先、冒渎他人。我们深深地知道人世为何如此冷漠，也深深地知道怜悯他人是怎么一回事，我们将从心底企求并礼赞人世之光与热。

在这篇 605 字的宣言中，"人间"（人）一词共出现了 10 次，仿佛是在告诉世人：支撑他们行动的正是那想要恢复为人的强烈意志。不过，由于路线对立问题和协助战争问题等原因，他们又走向了另一条险恶的路径。

无知和偏见犹如鸡和蛋的关系。无知产生了偏见，偏见又孵化出无知。被歧视的群体很难被视作研究对象，这种研究的空白也助长了偏见。在部落史研究方面，有三个人的研究颇为突出。他们是喜田贞吉、佐野学、高桥贞树。喜田曾自创个人杂志《民族与历史》，并在上面发表了"特殊部落研究号"（第2 卷第 1 号，1919）等一百多篇关于部落研究的长、短篇文章，对部落史的研究倾注了满腔热情。他还讲述了自己之所以从事部落研究的原因，这其实与他幼时曾因自己的身体特征和出身而遭受嘲笑的经历有关。佐野学后来成为日本共产党的最高领导人，他在寄给《解放》杂志的文章《特别部落民解放论》（1921年7月号）中，对部落民长期以来遭受的迫害表达了自己的激愤之情。他论述道，为实现部落民的解放，"自立运动"要"与其他受苦的民众联合起来"，这对全国水平社的创立产生了巨大影响。高桥的研究借鉴了喜田和佐野的不少研究成果，并在此基础上撰写出首部部落史通史——《特殊部落一千年史》（1924，后经冲浦和光校订后，由岩波书店发行了文库本《被差别部落一千年史》）。在写下这部通史时，高桥只是一名年仅19岁的青年。在第一编"特殊部落的历史考察"中，他考察了部落的历史变迁，而第二编"特殊部落之现在与水平社运动"则简明扼要地论述了水平社创立的历史必然性以及运动的方向等问题。高桥是山川均门下的马克思主义者，当听到全国水平社成立的消息后，他便积极投身于水平社的运动中。

　　"人权"这个词带有一种以人为主题的普遍性意味。高举"人间"旗帜并主张废除歧视的部落解放运动，并非只将运动限定在部落问题上，而是将那些普遍存在的歧视问题、人权问题也纳入到他们的视野中，这可以说是部落解放运动的一个显著特征。当我们看到日本最早的人权博物馆——大阪人权博物馆的展览时，一定会被那些为争取人权而奋斗的人的思想所感染。

第 8 章

民本主义与教养主义

国家与思想的新阶段

日本在 1904—1905 年爆发的日俄战争中获胜，这给人留下了一种日本已发展到新阶段的印象。虽然，这种印象无非是日本已成长为帝国主义列强的一员，但富国强兵的目标大体完成，日本已然成为"世界的日本"或"一等国"，这种意识日渐膨胀。此时距佩里叩关已过去半个多世纪。

目标的达成也为重新设定目标创造了机会。建设近代国家被追求"世界的日本"取而代之，成了新的目标。一方面，就国内而言，由于明治时期优先国家建设，曾被撇弃的民权之伸张再次被视作亟须解决的课题。自日俄战争结束后，日本走过了如下历程。从反对日俄媾和运动到第一次护宪运动或大正政变，再到爆发了被称作"米骚动"[1] 的民众暴动或运动，以此事件为契机，原敬内阁成立（1918）。随后民众又提出普通选举的要求（主流只要求男性获得选举权），并发起了争取普选权的运动，最终日本进入了政党内阁期（1924—1932）。这就是所谓的大正民主时代。另一方面，从对外方面来看，日韩合并、参加第一次世界大战、提出对华二十一条要求、俄国爆发十月革命后日本联合其他西方国家出兵西伯利亚，通过这一系列的对外活动，日本迅速确立起其作为列强一员的地位，这也导致了朝鲜三一运动[2] 和中国五四运动的爆发。与此同时，为调整与列强的利害关系，日本还参加了华盛顿、伦敦的裁军会议。日本对内、对外两个目标的追求，必然激化了相互间的矛盾。

在这种背景下，思想界也出现了新的动向。各种思想齐驱并进，比如，质疑近代化的思想、旨在树立自然科学式的世界观的思想、解剖帝国日本的思想、反抗男性本位的思想等。这就是本书后面四章将要谈到的民俗思想、科学思想、社会主义、

1　即 1918 年日本爆发的历史上第一次全国性的大暴动，由于这次暴动最初是从渔民妻女抢米开始的，各地一般也以抢米形式爆发，所以在日本历史上习惯称为"米骚动"。第一次世界大战后，日本工业的迅速发展和农业的矛盾，造成粮食短缺，加之地主、米商囤积居奇，致使米价猛涨。1918 年 7 月 23 日，富山县下新川郡鱼津町（今鱼津市）从事装卸工作的渔民妻女拒绝外运本县产的大米，立即在邻镇引起连锁反应，发展为向官府和富豪要求发放救济米和降低米价的运动。后骚动席卷全国，发展成全国性的大暴动。——译者注

2　1919 年 3 月 1 日，在日本殖民统治下的朝鲜爆发了大规模的民族独立运动，又称独立万岁运动。朝鲜半岛的知识青年由于受到俄国十月革命的鼓舞，以及第一次世界大战后美国总统威尔逊提出的民族自决思想的影响，于 1919 年 3 月 1 日发表"独立宣言"，后运动席卷整个半岛。最终由于受到日本军警的镇压而结束。这场运动对中国的五四运动也产生了一定的影响。——译者注

女性主义等。在这些思想中，相对于以上的各思想而言，这里所讨论的民本主义与教养主义的主题，可以说是这些思想的一个总论。

这些思想的代表者具有两个特征：一个是，他们这一代人是以那些在日俄战争前后登场的人物为先导的；另一个则是，他们多毕业于高等教育机构。这两个特征反映出那时的日本公立教育制度已经获得显著的发展。自1872年学制颁布后，日本正式开启了公立教育制度，到19世纪末期，已基本实现义务教育阶段教育普及的目标，并进入中等教育、高等教育扩充的时期。在1920年前后，又大量增设中等、高等教育机构。这最终促使日本形成了一个知识阶层，他们"毕业于高校"，是一群接受过正规高等教育的知识分子。其中，知识精英所主张的思想，并非像过去那样在经世致用的意识下提出各自的见解，而是根据自己学到的专业知识，即以学问为核心而形成的思想。一方面，学历社会的形成诞生出许多"苦学"者和"自学"者；另一方面，许多年轻人作为"学生"，也获得了前所未有的思索和探究的时间及空间。

民本主义和教养主义出现于日俄战争后期，它们的提倡者和接受者正是出自这个知识阶层。众所周知，民本主义的提倡者（并非提出者）乃吉野作造，他是在社会高呼日俄战争意义时才开始活跃于人们视线中的。他曾给东京本乡教会的牧师海老名弹正主办的杂志《新人》寄去几篇文章。在文章中，他称具有封闭性、专制性的俄国是"文明之敌"，并预测战争将会带来"主民的"势力的扩大，他还指出，为了实现日本的改革，要破除"权力万能主义之谬妄",提倡"主民主义"。这是走向民本主义的第一个阶段。吉野认为,由于在日俄战争中获胜,因此必然会推动日本走向立宪主义制的国家。而从石桥湛山的观点中,我们也可以看到同样的国家观。石桥主张,日俄战争不仅是明治文明的归结点,同时也是使其成为走向新阶段的出发点。

与此相对,教养主义则源于个人的人生优先于国家的价值观。过去,无论是国家的推进者还是国家的批判者,双方都具有一种共同的意识,那就是为国事献身是无可取代的价值。正因为如此,内村鉴三即便因不敬事件而身陷非难舆论的旋涡,却仍旧表明自己是一名"爱国者",北村透谷在放弃民权运动之际,也不得不经历一番彻骨的痛苦。但是,这种人生构想却出现了裂痕,产生出另一种思考,许多人不再使自己一心一意为国奉献,而要活出自己的人生。

1903 年,第一高等学校的学生藤村操纵身投入华严瀑布中自杀,以一种极具冲击性的方式拉开了知识青年思考人生的帷幕。在日光町公务所非自然死亡登记簿的第一页,写着他是"为了哲学研究"而死的(唐木顺三,《关于自杀》,弘文堂,1950)。由此看出,当时的人们对哲学产生了普遍的关注,在他们看来,哲学是追问人应该如何活下去的学问,而"教养"这一词更是风靡知识社会。

文学方面也出现了稍类似的倾向。被视作武士之鉴的乃木希典正好成为一个标靶。白桦派的人曾在乃木担任院长的学习院有过求学经历,因此对乃木的嘲讽和厌恶成了他们的精神发条。而芥川龙之介在他的作品《将军》（1921）中，生动地描绘了军队参谋的父亲和文科生儿子之间围绕乃木而展现出的不同价值观，但这部作品却矮化了不同价值观之间的冲突。

吉野作造与民本主义

吉野作造在青年时期受洗成为基督徒，并考入东京帝国大学法科大学专攻政治学，他后来升任该大学的教授。使吉野作造在评论界名声大噪的，是他发表在《中央公论》1916 年 1 月号卷首的一篇长文《论宪政之本义及其完善之途径》（收录于冈义武编《吉野作造评论集》）。这篇文章详细地阐明了民本主义的政治论。吉野提出，民本主义是民主主义（旧译德谟克拉西）的一种翻译，是指"国家主权运作的基本目标属于政治上的人民"，他主张宪法的根本精神在于民本主义，并进而指出，民本主义所要求的两大纲领为：国家主权运作政治是为了一般民众的福祉，以及政策的决定依归于一般民众的意志。为了实现民本主义的两大纲领，他还建议尊重言论自由和扩大选举权。吉野在这里所提的"一般民众"是一个与少数"特权阶级"对立的词语，而所谓的特权者，是指传统的特权阶级和新兴的资产阶级，即贵族和资本家。

值得注意的是，尽管回避谈论国体论，但古野在思想上还是遭遇了挑战。1918 年，他以公开辩论的形式，与一个名叫浪人会的国家主义团体展开了对决。当时站在吉野身边的麻生久，

吉野作造（1878—1933）

后来在作品《黎明》（1924）中生动地描述了当天的情形。为了
声援吉野，也因为担心他会遭遇不测，学生、工人、店员、市
民等蜂拥而至，把会场围得水泄不通。他们对吉野的思想表示
认可，在他们看来，吉野的思想正是他们自己所企望的政治思
想的结晶。[关于吉野的研究成果颇丰，可参考松尾尊允等人编
的《吉野作造选集》全 15 卷 + 别卷（岩波书店，1995—1997）
各卷解说等。]

民本主义的诸相

　　民本主义奠定了大正民主主义政治学的理论基础，而大正

民主主义在法学方面的理论依据则是东京帝国大学法科大学（后变为法学部）的教授美浓部达吉提倡的天皇机关说。这种宪法学说或称国家法人说认为，统治权的主体不在天皇，而属于国家，天皇是国家的机关。《宪法撮要》（1923）和《逐条宪法精义》（1927）被称为美浓部的代表作，他的宪法学说由对《大日本帝国宪法》本身的批判和对宪法学说的批判两部分构成。

关于对《大日本帝国宪法》本身的批判，美浓部指出，帝国宪法中存在着浓厚的君主主权主义色彩，但即便是君主主权主义，国家的所有权力并非全都属于君主一人，统治权通常是一种属于国家的权力，因此他主张所谓的君主主权，就是指君主是国家的最高机关。与此同时，他也批判了日本政治存在的问题，即根据国民意志来运行的政治却受到了第二院贵族院和第三院枢密院的不少限制。而关于对宪法学说的批判，他认为，许多宪法学说助长了君主主义之风，使其色彩愈加浓厚。后来他与主张从国体论立场解释宪法的同僚上杉慎吉展开了论争。这一时期，天皇机关说是国家公认的宪法学说。并且，由于它处于国家公认的特殊地位，因此，随着极端国家主义思潮的肆虐横行，天皇机关说成为国家主义者攻击的目标，甚至由于所谓的天皇机关说事件而遭到压制。（可参照第6章"国体论"和附录"言论法规"部分。）

经济学方面也发生了转变。1916年秋，《大阪朝日新闻》连载了由京都帝国大学法科大学教授河上肇写的《贫乏物语》（次年出版单行本），该书恰好反映了这一时期经济学的转变。一方面，第一次世界大战为日本资本主义的飞跃发展创造了机会，暴富阶层层出不穷，然而另一方面，繁荣背后的贫困问题却愈加凸显出来。最初，河上受到了同为长州人的吉田松阴的影响（幼时便因崇拜松阴而为自己取号"梅阴"），怀揣经世济民的志向，并选择了经济学研究之路。足尾矿毒事件发生时，他在听完妇女矿毒救济会的演说后大受感动，由于当时没带现金，直情径行的他甚至将自己的衣物全部捐赠了出去，这种人道主义的精神使得他在思想上历经多次彷徨。也正因为如此，他对贫困问题根本不能置若罔闻。

　　　令人惊讶的是，在现代的文明国家，多数人是贫困的。

　　这句令人印象深刻的话正是《贫乏物语》的开篇，该书擘肌分理，分别剖析了"多数人是如何贫困的""为何多数人是贫困的""应如何根治贫困"三个问题。在书中，河上将贫困视作"二十世纪社会之大病"，并提出这一问题的解决是"巩固社会基础，奠定国家根基之途径"。他从"富人停止奢侈"这一道德主义的视角来寻求克服贫困的方法，因此，当他成为马克思主义者之后便不再继续发行该书。但是，《贫乏物语》是首部探讨贫困问题的经济学著作，具有不朽的价值。借用大内兵卫的评价来说，"以往的经济学都是'经国济民之术'，或是'富国论'，河上却超越前人，以经济学来讲'贫乏物语'"（《河上肇》，筑摩书房，1966）。

而民本主义在历史学上的体现，则以津田左右吉的史学研究最为典型。毕业于东京专门学校（现在的早稻田大学）的津田对学问怀抱崇高的志向，但当时的环境却不可能使他实现自己的理想。他曾在日记中记录了自己的忧闷，在那充满荆棘的路上见证了岁月的沧桑，他的《神代史的新研究》（1913）论证了神代史乃"虚构故事"，由此正式踏上了研究者之路，不久他出版了《文学中所表现的我国国民思想之研究》全 4 卷（1916—1921）。在"序"中，他这样写道：

> 国民亦同个人一样，常保持、充实、展开其生活，然后不断接受新刺激，顺应新环境并领略新生活，这就是国民生活的过程。所谓国民思想不过是为国民生活的心灵侧面假取的一个名称罢了。

他认为，思想并非精英的专有，它扎根于国民的生活。这种认识不仅形成了一种从文学来看国民思想的方法，同时也提出了转变思想概念的主张。津田也因此而开拓了新的思想史、文学史、文化史研究。

长谷川如是闲的文明批评

长谷川如是闲（原名万次郎）是一名文明批评家，他站在民本主义的立场，展开了犀利的社会评论。据《一颗心的自传》

（1950）介绍，"文明批评家"一词其实是他发明的词，而如是闲恰好是一个契合"文明批评家"称谓的人。

《现代国家批判》（1921）和《现代社会批判》（1922）是两部展现如是闲现代批判论的作品。在这两部著作中，他观察冷峻，批判辛辣。毕业于东京法学院大学（现在的中央大学）的如是闲，其思想根底存在着英国经验论的影响，因而他厌恶德国的观念论也是出名的。在《现代国家批判》的开头，他这样写道："身为人，若多少没有些牺牲，是不可能做国民的，这就是当下的国家状态。"以下是引自该书的一段内容：

> 无论是东洋，抑或是西洋，绝不能盲目尊崇国家……然而，一提到国家，仿佛神一般，自古以来人们盲目地信仰它，人们顺理成章地认为一切的生活目标都是"为了国家"，如我们的国定教科书，与其说是在愚人，莫如说净是些自愚的话。
>
> （《长谷川如是闲》，《近代日本思想大系》15，筑摩书房，1976）

如是闲终生都是一名记者（他在多半的时光里是自由记者），而他的真正价值反倒是体现在那些句句洒脱而又带有幽默和讽刺意味的短句及警句中。在饭田泰三、山领健二编的《长谷川如是闲评论集》和他的英国观察记录《伦敦！伦敦？》中，我们可以看到他那种批判精神的精华。比如，前一本书收录的《如是闲语》（1907）中有这样的内容："男子因结婚而知女子之贤淑，女子因结婚而知男子之愚蠢"（也许是因为看清了婚姻的本质，他终身未娶），"没有比自己向孩子传授为人之道更易之事，没有比自己让孩子践行为人之道更难之事"，"夺而无罪盗而不疑之财富却有功绩"。

"民众"的浮现

伴随着广义上的民本主义的提倡，人们开始频繁地使用"民众"一词。从吉野作造使用"一般民众"以与"特权阶级"形成的对照中便可见一斑。过去，这个词所指的人是：第一，从属于国家或国家领导层的人，从这个意义上说是指归属于国家的人；第二，在知识、能力、生活等方面处于劣势，几乎受到无视或贬视的人。而"民众"一词的出现，体现了认识层面上"民众"的独立化和价值化。其产生的背景也与"民众"发展成一股不可忽视的政治势力这一事实有关。与工人和农民等特定阶层相比，这里所说的"民众"则是各色各样的非特权阶层的总称，因此可以说，"民众"的浮现揭露出一个事实，那就是既定的统治层不过是一小撮人而已。被"发现"的"民众"成为转变人们文化意识的一个重要原因。对知识阶层而言，"民众"是"他者"，因此他们对"民众"怀有颇多的善意、愿望和自我陶醉，并将其视作文化创造的源泉。20 世纪 10 年代知识分子所提倡的民众艺术论就是其中的一个表现。罗曼·罗兰（Romain Rolland）的《民众艺术论》（即《艺术论》，大杉荣译，1917）成为这一潮流的象征。

与此同时，知识分子对民众生活尤其是对作为休闲生活的民众娱乐产生了兴趣。权田保之助便是这个领域的奇才。他采用那些新娱乐活动照片，撰写出《民众娱乐问题》（1921）一书，而呈现在读者面前的《民众娱乐的基调》（1922）则是一部综合考察民众娱乐生活的作品。他在书中这样讥讽道："提到学者，不过是些私藏英德法原著，从中零星取出有用内容而在读者面前卖弄的人。"他还说道："丸善书店没有关于民众娱乐问题的原作，浅草却有。"（《权田保之助著作集》第1卷，文和书房，1974）

自由教育运动

民本主义式的文化认识必然也引起了人们对教育改革的关注，并为教育改革创造了机会。这是因为教育是一项能为人奠定民本主义思想基础的工作。吉野作造在《中央公论》上发表那篇《宪政之本义》时，也给同期的"社论"栏寄去了自己一篇题为"精神界之大正维新"的文章，对当时的文教政策进行了批判，他这样说道："我文部省的目的在于根据一定的模型来打磨青年子弟的思想感情。"

这种想要改革固定教育模式的心情，也同样存在于那些经常与儿童接触的小学教师们的心底，他们在各地纷纷开展自由教育运动，进行教育实践。这场自由教育活动是为了引导儿童的自发性，作文教育和自由画教育构成运动的两大核心。

山本鼎在指导孩子写生（1921）

芦田惠之助被称作作文教育的鼻祖，他从教育的实际经验中总结出一套方法，写下了《作文教授》（1913）。他在书中指出，作文教育的意义在于使儿童根据实际生活来描述自己的实际感受。

　　自由画的提倡者是画家山本鼎。他用自由画的方式取代了以往那种模仿画帖的美术教育，并举办了日本首个儿童自由画展览会，还根据自己的经验撰写了《自由画教育》（1921）一书。他这样论述道："环绕我们的这个丰富的'自然'总是千姿百态、五彩斑斓，奇妙地出现在我们的眼前……我们应该凭着直觉，综合地来感受它，或是用想象去自由地描绘它。"这些教育并不是那种以灌输国体论为基础的修身教育，在这种教育思想的根底贯穿着一种主张，即要把能激发创造力的作文和自由画视作教育的主轴。

　　类似的视线也投注在了女性身上。在知识分子探讨问题时，女性是他们脑海中无法抹去的存在，这是当时吉野作造、石桥湛山、长谷川如是闲等男性民主主义者都具有的特征。

殖民地主义批判与"改造"的机运

　　那些主张基于民意来推行国内政治的知识分子，与日益膨胀的日本殖民地主义之间面临着对决。这项工作具有双重的困难。从自己是日本人这一点来看，他们对被殖民地化的一方反应颇为迟缓，这几乎是难以避免的。并且，从容易被看作损害国家利益这一点来看，他们的主张大体也会被视作敌对的言论。况且，日本人对朝鲜及中国所怀有的侮辱和蔑视心理是根深蒂固的。对内奉行立宪主义、对外叫嚣帝国主义的双重基准几乎成为日本国家的一种基调。为了摆脱帝国主义，他们必须要跨越自身的心理障碍。

　　吉野作造跨越了这一障碍。吉野支持政府提出的对华二十一条要求，但也重视中国的革命势力，甚至尊重中国的民族自决。在五四运动爆发时，他发表了《勿要谩骂北京学生团的行动》（1919）一文，希望日本国民能理解这场学生运动。他这样说道："吾人多年来一直在努力，力图把我们所爱的日本从官僚军阀手中解放出来。在这一点上，北京的学生运动与我们的目标志向不也完全是一致的吗？"换言之，当双方的运动都各自成功，两国国民都从官僚军阀手中解放出来，方才能实现两国真正的亲善。

而吉野对于朝鲜殖民地的深切关注，在同一时期的思想家中是不可多得的。他曾亲自视察朝鲜，并同在日朝鲜留学生有过接触交流，这些经历加深了他对日本殖民统治的批判。在三一运动爆发之际，为促使日本国民和总督府进行自我反省，他积极展开言论活动。其中，在发表演讲《关于朝鲜统治改革最低限度的要求》（1919）时，他不仅揭露了日本殖民统治的实际状况，还提出了当前四项最低限度的要求：第一，废除对朝鲜人的差别性待遇；第二，废除军人政治；第三，放弃同化政策；第四，给予言论自由。[以上引自松尾尊允编《中国·朝鲜论》（平凡社，1970）。今天，我们可以从《吉野作造选集》中读到吉野的《中国·朝鲜论》，多亏了松尾付出的努力，这些被埋没的论作才能重新出现在读者的面前。]

关于三一运动，民艺运动的创始人柳宗悦当时也写了一些要求日本进行深刻反省的文章，如《怀念朝鲜人》《赠朝鲜友人之书》。[皆写于1919年，收录于鹤见俊辅编《柳宗悦集》（筑摩书房，1975）、《柳宗悦全集》著作篇第6卷（筑摩书房，1981）等，后一篇文章也收录于《民艺四十年》中。]在《怀念朝鲜人》一文中，他这样写道：

吾等首先采取那永远不可能使他们获得独立的固定方法，更不会认可他们想要进行自我支配的精神，故只会给他们那些适用于日本的道德和教育。一言以蔽之，无论是在物质上抑或是在精神上，都要剥夺他们的自由和独立。如此将日本的思想植入他们的心底，从而使他们无法展开自由之心的翅膀。在对待他们时，我们所给予的是刀而不是爱。

当读到这样的文章时，我们可以感受到柳宗悦内心涌起的阵阵悲切。他被朝鲜的美术深深倾倒，并由此而"发现"了民艺。

在民主主义者中，对日本帝国主义批判最为彻底的是《东洋经济新报》的石桥湛山。今天，他被人们视作激进的自由主义者，自第一次世界大战开战以来，石桥始终反对日本参战，主张日本应放弃所占有的领土和殖民特权。在华盛顿裁军会议召开之前，他发表了《大日本主义的幻想》（1921，收录于松尾尊允编的《石桥湛山评论集》）一文，不仅批评了日本的外交政策，还描述出未来的日本图景。在这篇以"下决心放弃朝鲜、台湾、桦太吧，勿要干涉中国和西伯利亚"开头的文章中，石桥基于经济合理主义和民族自决主义，主张日本应舍弃大日本主义，从而"使世界上的所有弱小国家成为我国道义上的支持者"。

从这个意义上说，民本主义揭示了一种去帝国主义化的可能性。然而，尽管出现了这样的变化，但第一次世界大战后的思潮却也猛烈地冲击着民本主义，并出现了新的发展动向。1919年，刚进入中央公论社的记者木佐木胜在年末的日记中写道："如今时代之浪潮猛烈地涌动"，"相对于吉野博士为第三阶级提出的民本主义，第四阶级提出的民主主义主张极为鲜明，这也是今年的特色"（《木佐木日记——泷田樗阴及其时代》，图书新闻社，1965）。这一时期爆发了俄国十月革命，并兴起了民族自决运动，而"米骚动"也引起了日本国内的社会变动。爱因斯坦、弗洛伊德、罗素、萧伯纳、杜威、甘地、泰戈尔、威尔斯等思想界的主要人物纷纷登场。

"改造"二字便是在这样的背景下成为一个反映时代思潮的新口号的。1919年综合杂志《改造》的创刊就是一个象征。政治学者大山郁夫正是一名展现改造机遇的论客。他的代表性论文《社会改造的根本精神》（1919）主要围绕应如何进行改造这一主题展开论述。在这篇文章中，大山认为，"从民主主义到改造"是时代精神的必然潮流，改造并不是否定民主主义，必须要"依照民主的原则"进行改造。他还提出了一种新的社会原理，即用罗素所说的"爱、建设本能及生的喜悦"来取代现今的"权威"。[大山的主要著作收录于正田建一郎等人编的《大山郁夫著作集》全7卷（岩波书店，1987—1988）。]

人生论与哲学热

关于教养主义的研究，唐木顺三做出了卓越的贡献。话说回来，"教养派"这一说法就是唐木命名的。他在《对现代史的尝试》（1949）中，用"教养"这一新概念来取代"修养"，以反映知识阶层的变化。他这样写道：

　　相对于"修养"这个词所散发的陈腐气息,"教养"洋溢着多么清新的气息啊。在这个词语中,"墨守成规"是被人蔑视的,形式主义是被人排斥的,而要像蜜蜂一样自由自在地采集人类遗留的丰富的文化之花蜜,这样的读书方式是受人推崇的。并通过那些花蜜来伸展自己的个性。

　　从这段文字中,我们可以听到一种批判的声音,与那些由"四书五经"塑造出思想框架的上一代人相比,"型的丧失"可以说是"教养派"所具有的特质。而深受年轻知识分子喜爱的阿部次郎的《三太郎日记》(第一部分于 1914 年出版,第二部分于 1915 年出版,增加了第三部分的合本则于 1918 年出版)堪称"教养派的一个典型",这是一部"观察自然、人生和自己"的记录。作者认为,该记录的特质在于"能够公平地吸收'这个那个'的能力和态度"。筒井清忠在《日本型"教养"的命运》(岩波书店,1995)中论述了不同于大众之"修养"的知识精英的"教养"问题。

　　人们对应该如何活下去这一问题的强烈关注引发了哲学热。西田几多郎的《善的研究》(1911)是其中最著名的代表作。

　　这部作品由第一编"纯粹经验"、第二编"实在"、第三编"善"、第四编"宗教"组成。在最初所写的"实在"部分,西田是这样开头的:

　　　　世界就是这样,人生就是这样,这种哲学上的世界观和人生观,同人们必须这样、必须安心于这里的这种道德宗教

上的实践的要求之间有密切的关系。人是不能依凭互不相容
的知识的确信与实践的要求而得到满足的……本来真理只有
一个。知识上的真理必须就是实践上的真理，而实践上的真
理也必须就是知识上的真理。

西田认为，"现在如果想理解真正的实在和认识天地人生的
真谛，那就必须从这样的态度出发，即能怎样怀疑就怎样怀疑，
抛开一切人为的假定，以无可置疑的、直接的知识为根本"，这
样从"纯粹经验"出发，通过知情意的统一来实现对实在整体
的统一把握。

西田的这种思考其实是基于他长期为忍受挫折而进行坐禅
以及与妄念搏斗的经历形成的。在他年轻的时候，他曾这样吟
诗道："喜马拉雅高耸入云／恒河是永远流淌着的／汝之国土／皆
为英国之物"，"奋起啊，印度人／打破卑屈之梦／为与汝携手感
到自豪／实现东洋世界的独立"（《印度国》，1889—1890）。这
些经历并没有使他成为欧洲哲学的继承人，而是在学习西方哲
学的过程中，使他成为一名从自身出发的思考者。西田在早期
的一篇文章《哲学研究的必要》中论述道："无论何事皆能如意
而不知人生之苦的人，或者是身处失意墚调而不寻求更为深刻
之生命的人，他们都不需要哲学。然而，一旦陷入失意境遇之时，
或即便没有不如意却也想思考全部人生时，有谁不会在心中感
到一种苦闷。无论如何都会找到天地人生的新意义，走入新生
命……哲学的问题并非好事者的闲事，而是关乎生死、苦乐的

问题。"这种求道心是一种从个体出发来追求实在、人格、善的态度，它抓住了那些以人生为主题并进而开启人生之路的年轻心灵。从很早以前，西田就具有一种东洋人的意识，这使他扬弃了东西方传统哲学，为他的哲学增添了色彩。

在《善的研究》出版前，西田曾以单篇论文的形式发表了该书的内容，他被京都帝国大学聘用后，仍坚持不懈地思索，而其哲学最后发展成西田哲学。与此同时，以他为中心的京都帝国大学哲学科吸引了众多英才，被称作京都学派。在这些哲学家中，与西田几多郎苦行僧般的生活形成鲜明对照的是，九鬼周造具有的享乐主义者风貌。一方面，身为男爵儿子的九鬼，生活在父母感情不和的阴影中，是一个极度感性的人，他与海德格尔、柏格森、萨特关系密切；另一方面，他对传统文化的理解也很深刻，尤其对语言的感觉更是出类拔萃。

《"粹"的构造》（1930）凝集了九鬼具有的那些特质，是一部阐释日本特有的"粹"的名作。"粹"展现了日本独特的美学意识，或者说展现了被美化的性意识。他将那难以捕捉的观念用"洒脱（达观）、傲气（气魄）、妩媚（媚态）"的存在样态来进行把握。

和辻哲郎也作为一名文化上的享乐主义者而具有广泛的影响力。毕业于东京帝国大学哲学科的和辻曾遍读文学以及尼采、克尔凯郭尔等人的作品，并参加了新剧运动。在文学的梦想破灭后，他转而研究日本文化，著有《古寺巡礼》（1919）。这部记录他游历大和古寺的著作，并非将佛作为信仰的对象，而是将其作为美学的对象来鉴赏，再配以热情洋溢的文字，在年轻一代中掀起了一股奈良热。接着，他从津田左右吉的《文学中所表现的我国国民思想之研究》中深受启发，不过走向了与古代史批判相反的道路，而是去探索古代人的心灵，并完成了《日本古代文化》（1920）。这部作品也成为他走入日本思想史研究的出发点。后来，他还写出了比较文化论作品《风土：人间学的考察》（1935）。

在谈人生论时，恋爱论是必不可少的部分。伴随着民主主义的发展和之后女性主义的兴起，人们用语言表达"私事"的机会也随之增加。而那些被视作丑闻却又不断发生的华美的恋爱事件也推动了恋爱论的兴起。多数作品都带有一种打破既有的男女形象和性规范的勇气。与唐木所不同的是，恋爱论者从积极的方面认可"型的丧失"。在那些涌现出的不计其数的恋爱论中，获得最高评价的是文学家厨川白村的《近代的恋爱观》（1922）。他在文中批评没有恋爱的结婚如同过着"强奸生活""卖淫生活"，认为男女关系历经一段段进化的过程，相继走过了古代的性本能时代、中世的神性女人崇拜时代以及近代的灵肉合一的一元化恋爱时代，他进而提出，与娜拉所说的自我本位不同的、"在自我放弃中主张自我"才是现代恋爱应有的样貌。自透谷直言不讳地道破"恋爱乃人生之密钥"以来三十年，在世纪转换期又出现了数不胜数的自由恋爱论，如此一来，恋爱论也终于形成了体系，成为人们日常讨论的一个主题。与此同时，我们也不能否认，恋爱论其实也属于教养的一个领域。

文化史与文化论

　　教养主义的思潮产生了"文化"这一个具有时代感的关键词。在与前一个时代对比时，我们会看到它所包含的两层含义：一层是它与文明开化时期对文明的关注不同。由于文明日渐世界化，所以它展现出一种欧美所带有的普遍性、物质性的印象，与此相对，"文化"却倾向于固有性、精神性，这是它所具有的特色。另一层则是它不同于对政治的强烈关注。它体现出一种并非只有政治才能实现价值的态度。从这两层意义上说，"文化"成为一个新的价值。

　　这种意识从历史看法的变化中可窥测一斑。历史学中兴起了文化史这一专业。文化史改变了过去以政治史和考证史学为主的研究视角，着眼于在大视野下捕捉时代精神，并且具有比较史的研究视角。津田左右吉便是其中的一个代表，这个时期多数伟大的历史学家都建立了各自的文化史学。比如，撰有《日本文化史序说》（1932）的西田直二郎、撰有《日本中世史》（1906）和论文《东山时代—缙绅的生活》（1917）的原胜郎、撰写《日本近世史》（1903）的内田银藏以及内藤湖南等人。其中，内藤极为强调应仁之乱所具有的划时代意义，并直言道：要了解现代日本，只需知道应仁之乱以后的历史就已足够，他将东洋史视作"支那文化发展的历史"，以这一视角来对东洋史进行综合的考察。而历史学家对欧美的历史认识，也跨过了对产业革命、美国独立、法国革命的关注，逐渐得到深化（之所以关注这些问题，是因为它们都各具有实用性的意义)，并诞生出朝永三十郎的《近世"我"之自觉史——新理想主义及其背景》(1916)、坂口昂的《世界中的希腊文明潮流》(1924) 等优秀的作品。

哲学家、评论家土田杏村以"文化"为主轴，在民间积极地开展评论活动。他在京都帝国大学哲学科求学时，曾师从西田几多郎，然而，年仅43岁的他却早早离开了人世。在他短暂的生涯中，留下了人生论、宗教论、教育论、经济论、艺术论、文学论、精神史和社会哲学、文明批评等不计其数的作品。这些作品深藏着他想要建设"文化学"的志向。他早在京都帝国大学研究生时代就创立了日本文化学院，并创办了机关杂志《文化》。为何取名为"文化"呢？我们可以从他那部为树立"以实现文化价值为目的的世界观"而撰写的《文化主义原论》(1921)中找到答案。在书中，土田指出，文化生活的分裂正是当今的文明病，他从这一立场出发，主张"文化学"的意义在于实现文化生活的重新统一。

这些文化主义的提倡蕴含着两个动机：一是经历第一次世界大战的日本尽管成为政治上的大国，在经济上也一跃成为"暴发户"，但文化主义者却认识到人们正在丧失"能够统一各生活状况的人的立场"。另一个则是受到俄国十月革命的冲击。在文化意识方面，文化主义者对俄国革命产生了反感或接受等各种不同的反应态度，杏村也受到了十月革命的影响。他一边预测"布尔什维克反而是非现实性的""独裁统治是永恒的"，一边提倡旨在开发和提高工人智识的无产阶级文化（普罗文化）论。不仅如此，他还进行实践。这也成为他后来在长野县上田创办"自由大学"的动力，他为地方上的青年教育倾注了极大的热忱。而"自由大学"也成为后来各地推行自由大学运动的起点。

这一时期，那些手握"哲学"和"文化"并具有强烈影响力的人，在20世纪30年代后半期，不约而同地变身为日本论论者。在此之前，30年代的前半期正值以1931年"满洲事变"为起点而确立准战时体制的时期，也是日本精神论风靡的时期。不久，在中日战争爆发前后，又持续不断地响起一种齐声高呼"回归日本"的声音。这一时期日本论论者分别立足于各自的专业领域，全面系统地讨论日本的文化特色。

出版人岩波茂雄考虑到这个时期"若不沿着国策路线，言论的统治可能会妨碍民意表达渠道的通畅"（《在刊行岩波新书之际》，1938），于是创刊岩波新书，为那些日本论的发表提供了平台。津田左右吉的《支那思想与日本》（1938）、长谷川如是闲的《日本式的性格》（1938，续篇写于1942年）、西田几多郎的《日本文化的问题》（1940）、铃木大拙的《禅与日本文化》（1940，续篇写于1942年）等皆是由岩波新书推出的。

为满足当时社会对"日本"的强烈关注，这些著作采用了相应的体裁，但也存在一些对肆意横行的日本主义的批判，不过这些批判有时极微妙，读来使人心潮奔涌。举一两个例子，比如，《日本式的性格》贯穿着作者"首先阐明'如此'之事"的态度，给那只讨论"应该如此"的过热状况浇了冷水。而在那些高呼以日本为盟主的东洋文化论中，《支那思想与日本》则断然否定这种盟主论，主张东洋不过是有日本、中国、印度三种性质各不相同的文化而已。

学生与教养

教养主义原本是基于人文优先于政治的意识而形成的，但也被推向了政治的面前。从各种意义上说，当政治追赶而来，是不允许人们沉浸于旧日美好时代的梦想的。而这时高举"教养"旗帜的则是东京帝国大学经济学部教授河合荣治郎。

河合曾立志将劳动问题作为自己终生研究的课题，从东京帝国大学法科毕业后，他进入农商务省工作，在日本政府参加第一届国际劳动会议前，他为议案的起草倾注了全部心力，由于草案最终未被采纳，他选择辞职，后被东京帝国大学聘请主讲社会思想史课程。他受到牛津大学讲授道德哲学的托马斯·希尔·格林（Thomas Hill Green）思想的深刻影响，信奉自由主义、理想主义、人格主义、社会改良主义，并从这些思想的立场来批判马克思主义，尤其是，他十分关注学生的思想问题，面对那些思想上日益马克思主义化的学生，他着手找寻解决问题的方法。不久发生了五一五事件和二二六事件[1]，法西斯主义迅速抬

1　1936年2月26日，部分陆军青年将校（"皇道派"）率领千余名士兵，以"昭和维新，尊皇讨奸"为口号发动武装暴动，他们认为除掉元老重臣，就可实现天皇亲政。内大臣斋藤实、财政大臣高桥是清等人被杀。政府及军方视此次暴动为叛乱，以武力镇压。陆军中的"皇道派"势力就此衰落。——译者注

头，河合对此展开激烈的批判，可以说，他既是批判马克思主义的斗士，也是批判法西斯主义的斗士。他的文体风格与犬儒主义大相径庭，展现出他的热情、勇气和坚定的信念。在这种信念的驱使下，一方面，面向学生时，他强调教养问题；另一方面，面对时势的变化，他仍然拥护自由主义。

"教育"这个词包含着教化和培育两种意思，从这两种意义上来看，河合的目的在于，使那些作为直接教育对象的学生，即年轻的知识精英受到人格主义的感化。他所写的《学生生活》（1935，后改为《第一学生生活》）是一本汇集了学生生活、教育制度、故人回忆以及自己境遇等的"教养"读物。除此以外，他还写了多部有关"教养"的书。在《学生生活》开头的"写给现代学生"一节中，他将学生称作"亲爱的诸君"，并指出学生与同代的年轻人有诸多不同之处，他想唤起学生对自身处境的注意："没有留意活着这件事，但活着的目的在于享受精神生活，哪怕与之有一丝密切关系的智识、思想、学问，每一天我们都可能会全部用到。"他还鼓励学生，要想在境遇中处之泰然，应"读书、讲述、书写"，"以优秀的思想家为目标，尝试思想的巡礼"，还要有"良师益友"。他这样说道："诸君若徒被焦躁驱使，那么，等候在诸君面前的只有一条'转向'的路。"

当时有许多学生都背负着应如何活下去这一沉重的问题，而河合荣治郎写的这本书在学生中引起了极大的反响。这也鼓舞了河合。后来，他成为法西斯分子的攻击目标，《法西斯主义批判》等著作被禁止发售，并因卷入经济学部内部的纠纷而被

迫停职，甚至遭到起诉（结果被判有罪、罚款 300 日元）。自
1936 年到 1941 年，作为编者，他在日本评论社出版了"学生
丛书"全 12 册。应该说，在最初刊印第 1 册《学生与教养》后，
其受欢迎程度超乎河合他们的预想，紧接着他们又出版了第 2 册、
第 3 册，并构成了一套丛书的规模，该丛书由第 1 册《学生与
教养》、第 2 册《学生与生活》、第 3 册《学生与先哲》、第 4 册《学
生与社会》、第 5 册《学生与读书》、第 6 册《学生与学园》、第
7 册《学生与科学》、第 8 册《学生与历史》、第 9 册《学生与日本》、
第 10 册《学生与艺术》、第 11 册《学生与西洋》、第 12 册《学
生与哲学》组成。

河合在第 1 册的序言中谈到了这套丛书的主题思想。面对
当时学生中存在着信奉马克思主义以及脱离此信仰的问题，他
这样说道："曾经支配青年的思想，被青年拿来急着去解剖和分
析自己所直面的客观现象。"但是，"无论遇到怎样动摇的客观
情况，毅然不动是不会有自我建设的""将此弱点暴露在光天化
日之下的一个契机，是数年来时势的变化""今天的教育者所肩
负的任务是帮助那些青年去寻求解决问题的答案"。他认为，青
年由于方向不定而容易陷入一种无力感，因此需要高举"教养"
的旗帜，将他们引向理想主义的境地。

教养主义将那些容易被时局所困的心灵、容易迷失目标的
心灵引向了经典主义。为此，也需要给学生推荐一些经典精选
作品。河合在《学生生活》中设有一节《高中学校的读书》，精
选了哲学、伦理学、思想、社会思想、传记、历史、文学、随

笔游记、经典宗教、科学等 10 个领域包括欧美作品在内的 185
部文献，并将其作为"教养"的指标（其中，带 ※ 号的特选作
品有出隆的《哲学以前》、西田几多郎的《善的研究》、阿部次
郎的《三太郎日记》等 28 种，而在《第一学生生活》中又增补
到 188 部）。学生总是将推荐文献看作"必读文献"，认为那是
验证有无"教养"的石蕊试纸。1927 年，岩波书店计划"以极
简便形式逐次刊行万人应必读的真正具有经典价值的书"，于是
创立了岩波文库，它原本的目的是"从特权阶级的独占中重新
夺回知识和美"，这也成为教养主义发展的有力源泉。

自由主义

以上几乎没有使用"自由主义"这个词，接下来将谈谈这
一部分。

当然并不是说没有这个词。较早的例子，比如，陆羯南在
1890 年发表的《自由主义》一文中这样写道："呜呼自由主义，
自十年前已脍炙人口。"[之后写的《近时政论考》（1891）改文
章题目为"自由主义如何"，收录了此文。]并且，也有几个人
被称为自由主义者。但总而言之，使用"自由主义"这个词进
行讨论的人很少，何况那些自称为"自由主义者"的人更是少
之又少。从这个意义上说，自由主义在很长一段时间并没有成
为论坛关注的焦点。1924 年，一部描述明治维新到自由民权运
动历史过程的著作问世，这就是冠以自由主义之名的《日本自

由主义发展史》(平林初之辅)。

在 1935 年前后,自由主义才开始跻身于思想界讨论的主题之列。

自由主义成为各方非难和攻击的对象,这一方面来自马克思主义,另一方面则来自国家主义和军部。与此同时,自由主义在强权暴力面前显现的"无力"感也使其沦为"俎上鱼肉"。而 1935 年发生的天皇机关说事件和次年的二二六事件,更加剧了自由主义的不利处境。石田雄详细地考察了政治中"自由"的各种含义的历史变化,他对知识界所讨论的"自由主义"从迅速登场到最终消失做了这样的分析:

> 根据河合荣治郎提供的列表,自 1933 年(昭和 8 年)到 1935 年(昭和 10 年),有 40 篇论文是围绕自由主义发表的。
>
> 1935 年 5 月号的《中央公论》组了一个关于自由主义的特辑,这是综合杂志首次刊登有关自由主义的特辑。而令人感到讽刺的是,它的主题却是"落魄自由主义的检讨"。正如这个题目所反映的,自由主义论在综合杂志鼓噪而起的时期,迅速被"克服"自由主义的时期取而代之,1938 年(昭和 13 年)以后,题目中包含有"自由主义"的论文彻底从综合杂志消失。
>
> (《日本的政治与语言》上,东京大学出版会,1989)

面对这样的历史变化和时代状况,河合荣治郎仍高呼自由主义，他是一名杰出的自由主义斗士。寄给上述《中央公论》特辑号的文章《作为改革原理的自由主义》，就是他带着那种坚定的自由主义信念写成的。他这样写道：

> 抨击机关说的某种思想家，甚至想从我等思想界一扫自由主义、个人主义，认为这才是明治以来必须发起的思想战，那随之继承而来的昭和维新理应以此开始。从这个意义上说，他们早已脱离了机关说是非的讨论，并在全部思想战线发布宣战书，我将接受这个挑战。

收录这篇文章的著作《时局与自由主义》（1937，收录于《河合荣治郎著作集》第 12 卷，社会思想社，1968）充分展现了他对天皇机关说事件、二二六事件所持的批判精神，体现了他作为自由主义者的风貌。（因而，该书出版翌年就被禁止发售，此外其他三本著作也遭禁售，河合因违反《出版法》而遭到起诉。）

第 9 章

民俗思想

民俗学的诞生

1846 年，英国学者威廉·J. 汤姆斯（William J. Thoms）提出了"民俗学"（Folk-Lore）这一表述，取代了民间遗物等传统的说法。自这个概念问世后，用连字符连在一起的这个词，瞬间跨越欧洲和大西洋，传播到其他地区，被人们广泛使用，后来连字符也被省略了。在 19 世纪前半期的欧洲，人们对民间传承、民间传说、民谣、神话、习俗、迷信（被视作迷信）以及遗物等的兴趣处于前所未有的高涨时期。

汤姆斯本人于 1849 年创办了专业杂志《按语和征询》（*Notes and Queries*），为这个领域留下了不朽的功绩。这本杂志与《自然》（*Naturc*）杂志是后来南方熊楠踊跃投稿的两人学术期刊。它刊载的内容包括文学、历史学、人类学、系谱学、纹章学等相关记录和答疑，而南方的投稿多达 323 篇（《英文著作集》，《南方熊楠全集》10，平凡社，1973）。南方在 1911 年 6 月 12 日寄给柳田国男的信中这样写道：

> 欧美各国皆有 Folk-Lore Society（民俗学会）。英国的高莫（G. L. Gomme）为其民俗学会尽心尽力。想来，地方风俗、传说皆基于事实，而人们所撰述的史书，其范围有限，多牵强偏颇之说。既然地方风俗、传说皆是在距今久远的时代被创造出来的，那么，应该能从中看到史书所看不到的历史遗迹……我国也要设法设立 Folk-Lore 会。并且，若发行杂志的话，可以设计成像英国的《按语和征询》那样的期刊，在文学、考古学、里俗学（地方风俗学）的领域内，精选出各人的随笔和问答，然后刊登。我想这将非常有趣。
>
> （《南方熊楠全集》8，1972）

在这里，他借着高莫的话，简明扼要地叙述了民俗学不同于史书的特征，并表明了自己想要设立学会的强烈意愿。"里俗学"的表述，与柳田在 1909 年 9 月 15 日写给山中笑的信中所使用的"民俗学"一词（此时并没有固定下来）一样具有重要的意义，这两个术语的提出使人感受到树立 Folk-Lore 的时机已经成熟。1913 年，柳田出于探究民俗的强烈意愿，创办了《乡土研究》杂志，从他办刊的思路中可以明显地看出南方熊楠所提出的"精选各人的随笔和问答"的方针。

坦率地说，日本的民俗学是以这两位巨人为中心而诞生的。

柳田国男（1875—1962）

柳田国男与民俗学

关于柳田为何立志从事民俗学研究的问题，学界已积累了
丰硕的研究成果。在这个问题上，我并不想谈论更多。不过，
他对日本近代化的批判性视角这一主题尤为引人注目。无论是
他专攻农政学、成为农政家，还是后来转向民俗研究、创立民
俗学，在他不同的人生阶段，始终贯穿着对日本近代化的批判
性视角，即近代化给人们的生活增加了不幸感。

而不幸感的根源则在于近代化造成的贫困问题。柳田这样
说道：

提起旧时的贫困，或是由于自己生活放荡或其他而导致
自己的贫困，又或是自己家突然遭遇了大的灾难和不幸，造

成罕见的贫困，但在现代社会中，除此以外竟然出现了新的不幸，即便勤勤恳恳地工作，却仍不足以维持生活。

他断定："这是金钱经济时代的特色"，"今日的贫穷，是人们尽管已经意识到它的存在，但却没有任何预防措施，是一种让人感到痛苦的贫穷"。（《日本产业工会的思想》，1907；收录于《时代与农政》，1910。）

众所周知，柳田的农政学思想主要体现在，以产业工会为核心的"中农养成策"（论文《中农养成策》，1904）。但是，正如从长塚节的《土》（1910，单行本发表于 1912 年）中所看到的，由于无法撼动生活和体制，这也迫使知识分子去直视那些被逼入历史阴暗角落的人们，从而反过来构建衡量文明的立场。从《后狩词记》（1909）开始，柳田接连撰写了《石神问答》（1910）、《远野物语》（1910，《远野物语·山之人生》）等著作，这些都被公认为是民俗学诞生的纪念碑式的作品。

排在首位的《后狩词记》是一部仿照《狩词记》（《群书类从》卷 419）而写的作品，主题是关于"日向国奈须的山村（宫崎县东臼杵郡椎叶村——作者注）现在还有狩猎野猪的故实"。这本书的写作契机，源于柳田在阿苏的一个男爵家看到的关于狩猎的绘画，这些画描绘了百姓蜂拥而至观看狩猎仪式的场景，画中猎人们所捕的猎物不计其数，而武士和下人的行装极为华丽，等等，这些画使他对狩猎产生了极大的兴趣，于是便有了这本书的诞生。那么，他自问道：究竟何时失去了那种狩猎的乐趣？

他回答：是猎枪出现后吧。由于一部分阶层独占了猎枪，且由于这种武器具有强有力的杀伤性，因此"彻底消灭了狩猎这一国民性的娱乐活动"，"今天乡村之所以变得如此无趣，是因为被绅士剥夺了狩猎的乐趣吧"。

随后，柳田描述了与狩猎相关的各种生活样貌。他还记录了与狩猎有关的"土地名称""狩猎用语""狩猎方法"及"各种口授"，通过这些传承记录，柳田为读者展现了那些以狩猎为生的山村村民在生活中的睿智。例如，在"土地名称"一节中，村民将"没有岩石、陡峭而易滑，人难以通行之处"称作"土瀑布"，把"犹如望到天的山顶"叫作"云受"，称"朝向某个目标的右方"为"镰手"，左侧叫作"镰端"，等等，这些完全是村民们在实际生活中提炼出来的用语。他们还把"人横死之地"称作"柴所"，这个名称源于村民为"祭慰亡灵"，"行路之人折断柴枝献于亡灵的风俗"，它与人们的信仰生活紧密关联。柳田将村民的这些风俗称之为"山中之公"。

《后狩词记》讲述的是九州日向山村的民俗，而早期的代表作《远野物语》则是一部走入东北陆中村村民心灵的著作，是根据远野人佐佐木喜善所讲述的远野地区的民间传说汇编而成的。柳田在书中坦率地说，"愿讲述这些传说能令生活在平地的人荡魂摄魄。"一边是视作非文明的山地，另一边则是文明的平地，这是一种用山地来对抗平地的思想。当时的人们普遍认为，所有的文明都是从中央向四周推行的，但柳田国男却对这种通用于社会的观念提出了挑战，从而促使人们转换看待问题的视角。

　　此后半个世纪以来，柳田的活动主要转为发掘那些伴随着近代化的发展而被贬低、忽视的文化，并在此基础上塑造出一幅别样的日本图景。今天，展现在读者面前的磅礴的鸿篇巨著《定本柳田国男集》全 31 卷 + 别卷 5 卷（筑摩书房，1962—1971），几乎汇集了柳田的全部研究成果，包括南方文化、北方文化、游记、山、传说、口传故事、物语、孩子、女性、民间信仰、祭、神道、冢、一年中的传统节日活动、衣食、家和婚姻、民谣、俳谐、方言、国语、地名等各种生活中被人无视的文化。

　　在柳田的研究历程中，他的立场也发生了各种变化，他的研究对象从"山人"（山民）转变为"常民"（一般人、庶民），研究内容也与殖民地统治存在着一定的关联。通过这些活动和变化，我们可以从他那丰富多彩的工作中看到不同的柳田国男的形象。特别是，他曾在《明治大正史·世相篇》（1931）中说道："由于对过去传记式的历史叙述感到不满，于是便特意不去提任何专有名词。"这句话给我留下深刻的印象。

南方熊楠与挑战禁忌

　　如果说柳田国男的非凡之处在于他是民俗学的开创者、宗匠，那么，南方熊楠则以通脱不拘而闻名遐迩。南方出生于和歌山一个富裕的町人之家，小学时就对百科全书、本草学、地志学等萌生了兴趣，甚至誊抄了《和汉三才图会》《本草纲目》等书。中学毕业时，他立志要收集 7000 种日本菌类标本。他曾在大学预备校度过短暂的学习生活,仅过了一年便退学。1886年,虚岁 20 岁的南方熊楠留学美国,并在海外度过了 15 年的时光。其间,他曾辗转于北美、中美、英国等地,经历过人生的跌宕起伏,但同时也勤于学问,并在大英博物馆工作过一段时间。南方能给《按语和征询》等杂志投稿,这与他的经历息息相关。归国后,他忙于采集隐花植物、收集菌类标本,开始了新的研究生活。不久,他决定定居于纪州的田边。

南方的研究以生物学为原点,这可以说是他作为一名学者所具有的特殊的思想风貌。面对政府提出的神社合祀(神社整理)政策,他进行了勇敢的抵抗,这一举动更使他的思想风貌活灵活现地展现在读者的面前。所谓神社合祀,是根据1906 年发布的敕令"关于神社寺院佛堂合并旧址转让令"和合祀令而推出的政策,原则上统一为一町村一社。推行这个政策的目的是诱导和改变人们的信仰,使民众改信那些与国家有关联的、具有一定等级的神社,它构成了日俄战争以后国民统合政策的一环。与此同时,砍伐神社森林也造成了自然生态系统的破坏。由于当时对木材的需求量大幅增加,因而在全国范围内开始出现滥伐山林的现象。这在拥有熊野之美林的三重、和歌山两县尤为显著,而两县的神社合祀政策也执行得最为彻底。

对此,南方提出强烈的异议。他还因参加反对运动而一度被关进监狱。1911 年,他再次给东京帝国大学教授、植物分类学的权威松村任三寄去书信,若用每页 400 字的稿纸换算,他前后共写了长达 120 页的信（南方拜托柳田国男将信交给松村，后来柳田将这两封信编辑后自费出版，名为"南方二书"）。后来，他还不厌其烦地寄信给东京帝国大学教授、研究植物病理学的白井光太郎，其中，"关于神社合祀之意见"（1912）用每页 400 字稿纸换算的话长达 86 页（均收于《南方熊楠全集》7，1971）。在这些信件中，他主张保护民俗，认为"合祀湮灭了胜景史迹和古老传说"，同时他也对破坏自然的行为表达了强烈的愤懑之情。和歌山县的那智有一暗谷，恰如其名，这是一个被郁郁葱葱的森林覆盖的小山谷，谷中生长着种类繁多的珍奇植物，特别是蕨类植物，因此在写给松村的信件中，南方恳请将这片谷地作为防护林，并说这是紧要之事。他与东边的田中正造并称为这个时期的两大环境保护论者。

相较于道德具有的原则性，民俗探究的真正价值在于其逼近生活和生活意识的真实部分。从这个意义上说，它并不会回避性的问题。那些被视作卑亵的现象，在南方看来，却几乎构成了文化的根干，即人伦的根本，他用这样的态度来面对性的问题。在南方的思想根底，有一种生物学家所特有的认识，可以说他是特意要把性别隐喻介于文化和社会之间。这是因为他无法忍受社会的伪善性，而采用性别隐喻也是一种增加言论效果的手法，这里包含着他一流的谋算，也确实冲击了社会的"黑暗面"。不过，这一点也招致了他与柳田的冲突。从柳田的性格、身为官吏的立场，以及想要使人们认识到民俗学是一门学问的心情来看，他必然要遮盖这个问题，而南方却尖锐地提出

南方熊楠与弟子小畔四郎（1915）

来，迫使他不得不去面对这个问题的存在。针对表述问题（这
并不只限于性的禁忌问题），柳田的态度如他的行动所表现的一
样，"若不想从容自若地重写那些内容。希望在不恰当之处用
'〇〇〇'或是'以下几字删除'的方式来处理"（1926 年 1 月
30 日，写给中山太郎的书简）。

　　这些事也给世人留下了南方乃奇人或是狷介之人的印象。
但是，他确实有些刚直，也甚为自负。实际上，他的博学和见识，
可以说无人能比。在《十二支考》（1914—1924；但是书中并
没有提到牛）中，他论述了古今东西关于人和动物之间关系
的传说，他的讲述真可谓纵横驰骋、滔滔不绝，他渊博的知
识令读者叹为观止，而且巧妙地把读者引向所谓的南方曼陀
罗的世界。

"东国的学风"

　　民俗学的初衷在于探寻那些伴随着近代化的发展而日渐被蔑视的庶民遗风，它批判无视这种遗风的近代学问，可以说这是民俗学发展的一个动力。有人指出，日本的近代化造成了传统和近代的双重结构，而学问则为人们认识并促进这种双重结构的发展发挥了作用。这是因为，在国家的主导下，近代的学问担负着移植欧美制度和技术的重任，因而那些导入的学问必然也是以欧美的学问为典范的，与此同时，民俗的东西也被视作一种落后性的表现，须将其全部扫除。然而，由柳田等人所开创的民俗学却将那些民俗的东西作为研究对象，因而民俗学的创建也夹杂着几分逞强，必然成为批判近代学究主义的推动力。

　　实际上，无论是柳田还是南方，他们在初期发表的舞台几乎都是一般的报纸杂志。而南方虽然看起来与《东京人类学会杂志》的关系密切，但他多投稿给《按语和征询》以及《牟娄新报》。柳田则自费出版了《后狩词记》。当时，他们充其量不过被视作有特别兴趣的"好事者"罢了。

　　在这一点上，两人有共鸣之处，他们怀有共同的抱负。南方在寄给柳田的信中这样写道："科学仿佛被欧美人的科学独占一般，这么说是大错特错……自古以来，东方的科学智识也很发达。多数迷信、乡土传说、古老传说、习俗故事……或多或少会存在些谬误，但多少也称得上是有根据或有经验的科学说、理想谈。"（1911 年 10 月 17 日）而柳田在回信中也这样说道：
"四十年来，一直在拾人牙慧，对此我感到无比厌倦，以后我们
要阐明该阐明的，揭示该揭示的，无论如何都必须要形成东国
的学风。"（1911 年 10 月 27 日）（以上收录于饭仓照平编《柳
田国男、南方熊楠往来书简集》，平凡社，1976。）

　　柳田一直怀揣着这样的志向，为了集结有志于研究民俗学
的同人，也为了给他们提供发表的平台，1913 年，他创办了杂
志《乡土研究》（1913—1917）。他绞尽脑汁，终于想出了这个
带有新鲜韵味的杂志名。之所以起这个名字，那是因为过去被
忽视的"乡土"成了"研究"的对象，开始出现在人们的视野里。
与此同时，乡土研究也使人预感到一种综合性的学问正在诞生。
对地方而言何谓近代？那些背负着这一课题却未能开创这门学
问的人集聚在了柳田的《乡土研究》之下。在该杂志最终号卷
末的"《乡土研究》寄稿者及通信者人名"中，列举了津田左右吉、
中山太郎、折口信夫、新渡户稻造、小野武夫、喜田贞吉、金
田一京助、松村武雄、山田孝雄、早川孝太郎、平福百穗、菊
池山哉、山中笑、洼田通治（空穗）、三浦周行、梅原末治、小
川芋钱、尾佐竹猛、栗岩英治、南方熊楠等人的名字，使人联
想到民俗学仿佛一座屹立于众多学问中的大山脉。

　　在思考日本这个问题上，民俗学后来诞生了许多宝贵的作
品。20 世纪 20 年代至 30 年代，民俗学终于获得大学的"认可"，
但在民间，其实于更早时期就已获得热烈的支持。出生于周防
大岛的宫本常一堪称民俗学的奇才。他环游日本各地，同当地

的人进行交谈，观察他们的生态环境和风土人情，并留下大量的著述，其中尤以《家乡之训》（1943）、《被遗忘的日本人》（1960）最为有名，广为传布，经久不衰。

伊波普猷与冲绳学

伴随着近代化的发展，先进与落后之间的落差意识也异常激烈地冲击着那些被视作边缘地方的人。这便是后来被称作冲绳县的古琉球的住民，以及后来被叫作北海道的当地的原住民阿伊努族人。他们被刻上异质性和落后性的印记，成为被歧视的对象，被驱赶着走入皇民化和近代化之路。他们身处一种困境：一方面，他们各自的文化被视作未开化的象征而遭到否定；另一方面，他们行走在被规划的路线上，体味到一种与原有文化割裂开来的失落感。他们不仅要自己承担起如何克服困境的课题，还开拓出自己的学问和思想，他们中的佼佼者有冲绳人伊波普猷，阿伊努族人知里幸惠、真志保姐弟以及违星北斗。

当明治政府在全国如火如荼地开展废藩置县时，冲绳的废藩置县也被提上日程，这就是"琉球处分"。伊波普猷正出生于琉球被"处分"前的1871年。中学时代，按照明治政府的规定，伊波被强制剪发，不得不遵照那名为优先学习"国语"、实则废除英语教育的方针，他在日本化的波涛裹挟下成长起来，是第一位进入东京帝国大学文科大学学习的冲绳人，专攻语言学。毕业后，伊波回到故乡，在县立图书馆（非正式职员）工

古琉球人装扮，出自《古琉球》一书"自序"

作，工作之余，他还对琉球的古歌谣《思草子》做了认真的解读，他身处于一种冲绳人畏惧"内地"的氛围中，但最终还是完成了琉球歌谣的解读，并出版了《古琉球》（1911）一书。[伊波的著作几乎都收录于《伊波普猷全集》全11卷（平凡社，1974—1976）。] 他在"自序"中这样写道："思之光照见了琉球古代。"

"古琉球"这一书名，可能是伊波自己创造的一个词，大约是指1609年萨摩藩侵犯琉球以前的时期，那时的琉球岛有其特有的政治社会，国家实现了统一，并享受着独自的繁荣。这个概念带有一种特殊的意味，即遭受萨摩侵犯以后的琉球历史是黑暗的，同时也要给人们指出在此以前的琉球史的原点。他漫步于《思草子》，讴歌古琉球博大精深而又气势恢宏的文化。最典型的例子体现在，他在研究论文《思七种》中对所选的歌谣《升起的蛾眉月角》（《升起的三日月头》）做出的鉴赏：

> 啊呀！升起的蛾眉月，宛如金色的神弓。
> 啊呀！升起的明星，宛如金色的神箭。
> 啊呀！天上的群星，宛如神的花簪。
> 啊呀！天上的横云，宛如神的白布带。

他称赞这些歌谣"至纯至真，仿佛在吟诵希伯来的诗篇一般"，对古琉球人雄浑壮阔的宇宙观赞声不绝。对他而言，古琉球的地名也是他探究民俗的宝库。在这本书中，伊波强调琉球与日本起源于同一祖先，并认为琉球文化保留了传统的形态。该书出版后，伊波曾赠给柳田三册。

在写完《古琉球》后，伊波用琉球歌谣的形式吐露了自己的感怀："深深挖掘吧，我胸中的泉水，若仰赖别处，怎会汲取那泉水。"这种呼声令冲绳人心潮澎湃。转眼间"古琉球"便成为一个普通名词，开始被人广泛使用，随之，人们转向了对乡土历史和文化的挖掘。身为图书馆馆长的伊波竭尽全力去收集乡土资料（但由于战祸，资料被丢失），并在图书馆举办沙龙。无论哪个民族都会被赋予"举世无双"的价值，而伊波的信念则是要"毫不畏惧地面向世界"，进而发挥自身独特的价值（《伊

波文学士之谈》，1909）。由于伊波所从事的这些工作，他因此
被誉为"冲绳学之父"。其实可称之为"冲绳学之祖"。

讴歌阿伊努文化的人

在某种意义上，阿伊努民族中能与冲绳的伊波普猷比肩的
是知里真志保。他是首位获得文学学士的阿伊努族人，与伊波
一样也在东京帝国大学攻读语言学，晚年担任北海道大学教授。
他从民族的心灵深处捕捉语言，这样的语言学必然会扩展到宗
教、狩猎、捕捞、生活用具、习俗等领域。在他的《阿伊努民谭集》
（1937）中，左边一页用罗马字标注了阿伊努传说的读音，右边
一页则将其翻译成日语。无论读他的哪部著作，我们都会循着
语言的线索，被他引到阿伊努民族的精神世界。与此同时，他
也会直言不讳地批判日本"内地"的研究者。有学者指出，知
里真志保认为阿伊努惨遭掠夺，并对此饱含激愤之情，这成为
一股推动他走向阿伊努学问的力量。我们从《阿伊努语入门——
特为地名研究者而写》（1956）一书中就可以看到那些语言的差
异。[他的著作几乎都被收录于《知里真志保著作集》全4卷+
别卷2卷（平凡社，1973—1976）。]

真志保的姐姐知里幸惠也是一位具有极强语言能力的天才。
他们的祖母和外祖母都是民族叙事诗的优秀传承者，而幸惠继
承了这种天分，不仅将口头流传的神谣转换为罗马字，而且附
加了日语翻译。由于得到金田一京助和柳田国男的帮助，她终

于完成了这项工作，这就是《阿伊努神谣集》（1922）。但是在该书刊行前，虚岁20岁的她却英年早逝。她用优美的日语翻译出了那些阿依努歌谣，在序言中，她这样写道："昔日广袤的北海道是我们先祖自由的天地。他们犹如天真烂漫的稚童，被美丽的大自然拥抱，他们悠闲自得而又快乐地生活着，他们真是自然的宠儿，是多么幸福的人啊。"这篇序言留下了令人难以忘怀的余韵。（岩波书店把该书归类为外国文学。）

小学毕业后，违星北斗（原名泷次郎）曾外出打工，做过小贩，他还是一名推进民族复兴运动的歌人。在东京阿伊努学会演讲时，从南边赶来的伊波普猷被其演讲深深感动。他在虚岁28岁时去世，留下了遗稿集《村落》（1930；现在草风馆进行了重印并已出版）。这里我们引用他的三首诗：

> 虽无历书，鲑鱼来时，便是秋天，村落之昔，令人怀念。
> 生为阿伊努人，死后亦愿绘出阿伊努画，孤独的喜悦。
> 喜欢勇敢而酷爱哀愁的阿伊努哟，阿伊努，如今在何处。

柳宗悦与"民艺"

柳田和南方都极为重视民众在故实中的创造力，而柳宗悦却与他们不同，他对器物展现出景仰的姿态。他将民众的工艺归纳为"民艺"。他是这个词的发明者，也是民艺运动的推动者。年轻时，柳宗悦一度热衷于西洋的神秘哲学，并对威廉·布莱

柳宗悦（1889—1961），摄于约 1950 年

克（William Blake）和沃尔特·惠特曼（Walt Whitman）崇拜
有加。在他领会到朝鲜之美后，逐渐转变为帝国主义日本的一
名朝鲜理解者。如前所述，在朝鲜爆发"三一运动"之际，他
写下了《怀念朝鲜人》一文。当将视线转向日本时，他于 1924
年"发现"了木食佛，并在调查的途中，"发现"了民艺。

在《下手物之美》（1926，《柳宗悦全集》著作篇第 8 卷，
筑摩书房，1980）中，我们听到了民艺运动呱呱坠地的声音。"下
手物"是指各种各样大众化的器物，即"极普通之物，谁都可
以买到，谁都可以用手触摸到的日常用具"，这些器物平素人们
都会使用到，因而也会被任意丢弃，但柳宗悦却对这些器物赞
叹有加。他这样说道："因为是每天都会触摸到的器具，所以实

际上都很耐用。""皆是些无名之辈的作品。无欲之心如何洗尽器物之美呢？""民艺中必然会有乡土。""那些被称作'下手'器物的背后，是长年累月的汗水和无限单调的重复，这才带来技巧的成熟……才会获得自由。""民艺乃手工艺。是用手制作出的，这对美而言是多么重要的事啊。除了神，还有比手更令人惊叹的创造者吗？"如此赞美民艺的柳宗悦发出了宣言："从今日起，新的美的篇章将被增补进历史中，我对此毫不怀疑。"

于是，柳宗悦带来了美的观念的转变。即"无名工人"的作品（或工艺）被他置于美的祭坛上。此后，他在代表作《工艺之美》（1927，收录于《民艺四十年》）等著述中，打造出了自己的美学，与此同时，他还继续徒步旅行去寻找优秀的民众工艺。他所"发现"的那些民艺，最后被收录在《手工活的日本》（1948）、水尾比吕志编的《柳宗悦民艺纪行》中。

今和次郎的民宅探寻

与柳宗悦沉迷于民艺的世界不同，今和次郎则将视线投向了民宅。

众所周知，今和次郎是考现学的创始人，也是生活学的开创者，但他最初的原点却是探寻民宅。从东京美术学校图案科毕业后，他担任早稻田大学理工学部建筑学科佐藤功一教授的助手，并通过佐藤的引荐，加入到柳田国男等人的团体。他们曾共同开展民宅调查，后来，他继续行走全国、探寻民宅。在

今和次郎《日本的民家》草图

探寻之路上，他从不穿西服，总是背着包，与人聊着收成的话题，就像农民面对后来的宫本常一那样，他们对今和次郎打开了心门。《日本的民家》（1922）就是他探寻民宅的结晶。

据岩波文库版《日本的民家》的解说者藤森照信所说，使"民家"这一日语词汇得以推广的正是今和次郎的这本书，他首次将那些被人无视的、没有任何文化价值的农家、渔家、町家，视作一种生活空间，并带着留恋之情凝视着它们。因而，他的探究被学界看作好事者的行径，然而同时，他却受到外行人的欢迎，他的作品也不断被人传阅。他指出，与都市的住宅不同，乡村的住宅在很大程度上会受到气候风土、原材料等的制约，因此在建筑上也要花费不少工夫。这种观点让今天的我们看到了他探寻民宅时的视线，正如他的许多被刊登的草图所展现的，他的视线总是让人感到温暖，他与探寻对象之间存在着心灵的交流。

罗斯金是一位对近代日本人的自然观产生深刻影响的思想家，他是这样论述建筑"哲学"的：

> 我们谁都会有这样的经验，这是不能歪曲的事实……换言之，空间（自然）并不应该被人征服，我们必须郑重地认识到空间所具有的固有力量，而我们只能对其进行利用。

第 10 章

科学思想

丘浅次郎与《进化论讲话》

关于自然科学，我的知识极其有限。以前稍微熟悉的主要是那些鲜明地展现出科学与人生、科学与社会的视角的人，以及他们提出的问题。

在这方面，我首先想到的是丘浅次郎。他是一名动物学家，长期担任东京高等师范学校的教授，因《进化论讲话》（1904）这本著作而被人熟知。

进化论是 19 世纪极具冲击性的一个学说，1870 年，东京大学理学部的外籍教师、动物学家爱德华·西尔维斯特·莫尔斯（Edward Sylvester Morse）将这个学说介绍到了日本。自此以后，进化论超越了自然科学的领域，反而在社会科学方面给社会带来巨大的影响。其中的一个表现，就是加藤弘之强烈主张社会进化论。进化论沉重地打击了神学世界观，而加藤却站在"优胜劣败之作用必然"的立场上，将进化论用作打破"吾人人类每个人生而即享有自由自治平等均一之权利的天赋人权主义"的根据（《人权新说》，1882）。值得注意的是，早期的社会主义者极力想要印证进化论派生出社会进化，即未来会实现社会主义的结论。幸德秋水认为，"生物进化的规律运用于人类社会后，得出的结果即社会主义"，并指出达尔文和马克思是19世纪诞生的伟人，在几千年以后仍能留名后世（《达尔文和马克思》，周刊《平民新闻》第47号，1904）。

而丘浅次郎的《进化论讲话》则从生物学的立场来阐明历经社会科学讨论的进化论。他首先概述了进化论的历史，接着，他一边列举地球上各地动物、植物进化的事实，一边纵论进化大势，并基于生物学的事实击破了以下看法，比如认为人是不同于动植物的特别生物，又如人是由全能之神所创造的。他这样说道：

> 广泛收集生物界的事实，深刻观察生物界的现象，并以此为基础进行科学研究，结果便形成了进化论……那种认为应该只将人作为例外来对待的观点，其实并没有特别的理由，因此根据进化论的规律来看，在所有动物中，人与牛、马、犬、猫等兽类最为相似，所以是一种与它们出自共同祖先的兽类。

接着，他还这样说：

我先祖乃藤原的某朝臣啦，我兄嫂乃官至从几位的某侯爵的私生女啦，喜欢自夸是人之常情，要是听到说先祖是兽类、亲戚是猿猴的话，人们不高兴也是理所当然的。但仔细思考一下，若想到我们虽起源于下等的兽类，但却进化至今天文明开化的程度，而且今后还有望日渐进步，应该会喜不自禁吧。

他这样彻头彻尾地基于生物学的事实来进行论述，其着眼点在于提出优生学的主张："从人种生存的方面来看，人为地让那些脑力、健康均不佳的人活着，会给全体人种造成沉重的负担，应尽量减少这种做法。"在这本书中，丘浅次郎认为，人"不过是属于兽类系统的一种脊椎动物而已"，他不仅主张应将生物学作为各门科学的基础，而且他的观点中充满了一股撼动那以人类为不变前提的社会观的力量。

若持续进化将会变成什么样？这是丘浅次郎拿手的话题，关于这个问题，他写下了几篇文章。一是在《所谓伟人》（1921）中提出，打造伟人无非是人的奴隶根性，因此伴随着进化，伟人将不会再出现于未来历史的舞台；二是在《自然的复仇》（1911）中，他清楚地认识到，进化会促进文明的进步，导致人类征服自然，而最终将遭受自然的报复（不过他也认为，即便如此，各民族还是会竞相征服自然）；三是在《从猿群到共和国》（1924）中，他做了预言：人类或社会的进化必将造成服从性的退化，最终在经历世袭王国后发展为共和国。从体裁来看，他的《生物学讲话》（1916）一书与《进化论讲话》体裁类似，被称作《进化论讲话》的姊妹篇，该书主要讲述了包括人类在内的生物一生都围绕着食、产、死三件事而活着。面对那以各式各样的表面原则为缓冲物的人生和社会，丘浅次郎的内心仿佛燃起了复仇的火焰，他要用彻底的生物学人生观和社会观来衡量人类自身。[今天，丘浅次郎的主要著作收录于筑波常治编的《丘浅次郎集》（《近代日本思想大系》9，筑摩书房，1974）和《丘浅次郎著作集》全6卷（有精堂，1967—1969）。]

山本宣治的性科学

山本宣治也构筑起了自己的生物学。他一边批判丘浅次郎的《进化论讲话》《生物学讲话》"两著作皆明显倾向于科学宿命论"，一边却也对他表示敬意，称他的作品乃"明治大正思想史上重要的代表作品"。他是一名社会活动家，被人们亲切地称作"山宣"。在1928年第一届普通选举（仅限于男子）中，他成为京都第二选区的候选人，并当选为议员。同年，根据政府颁布的紧急敕令，修订后的《治安维持法》规定变革国体的人最高刑罚可判死刑。山本宣治由于反对《治安维持法》的修订而遭到了暗杀。山本其实也是通过生物学的途径才投身于社会运动的。在他看来，生物学的核心是性科学，是由性教育、性行动调查和计划生育论及运动构成的。

山本出生于京都的一个基督教家庭，他在升入中学后仍积

山本宣治（1889—1929），摄于约
1928 年

极地参加教会活动，后来由于身体虚弱而退学。他打算从事园
艺工作，后只身前往加拿大。他在加拿大度过了四年半的时光。
回国后进入同志社普通学校重新开始学习，并考入第三高等学
校，最后在虚岁 32 岁时，从东京帝国大学理学部动物学科毕业。
毕业后，他担任同志社大学预科的自然科学概论课程讲师。由
于他的课程是面向文科学生的，因此他设定的授课主题为"人
生生物学"。

　　"人生生物学"是他自己取的课程名，这个名称体现了山本
的抱负，他将过去那易趋向于只做分类的生物学断定为"死物
学"，而他要阐述的则是真正的生物学，即"生命科学"，并认为，
构成生命科学核心的是性科学。他之所以持这样的观点，是因

为在他看来，性科学才是那些作为生物的年轻人为之烦恼和关注的焦点，并且这个问题还被各种禁忌遮蔽。山本制作了用作讲义的小册子——《人生生物学入门：性教育私见》（1921）。在"讲义的方针"中，他这样写道：

> 通常，多数学者所采用的讲述方式是从单细胞动物阿米巴讲到人类，该讲义与这些学者向心式的叙述正相反，而是采用离心式的方法，即以人类中的生物学现象为主，在有助于了解的范围内，引用并参照一般生物界的诸现象。
>
> 这种离心式叙述的出发点在于，性现象是青年好奇心的焦点，该讲义将对我们人类性生活的内容做生物学式的考察。

山本开设这门课程的目的是，站在生物学的立场上，给那些正处于"青春危机"的学生提供一些建议。令人印象深刻的是，他这样记录了自己给学生授课时的立场："在妻子面前，现在的我平静地生活在性欲饱和的状态中，摆脱了前些日子的焦躁，想要埋头于教学……而不得全己晚节，我意识到了他们内部隐藏着熊熊燃烧的性的危险性。"正是由于自己抱持着这样的立场，当他"看到处于危机中的朋友时，于是形成了这篇苦口婆心的私说"。他将性欲的产生看作一种自然的行为，并力图使那些年轻人从"自慰"的压抑感中解放出来，这便是讲义的中心思想。性科学家小仓清三郎虽然将过去那种伴随着各种罪恶感、隐私感的行为命名为"自慰"，但山本宣治却为普及这一概念做出了最大的贡献。不仅如此，山本还主要以男学生为对象，进行性生活调查，为性科学的建立奠定了基础。他还作为性科学家积极投身于计划生育运动。1922 年，在美国控制生育联盟创办人玛格丽特·希金斯·桑格（Margaret Higgins Sanger）访日后，他翻译了桑格的著作，并制成小册子出版，这就是《桑格女史：家庭计划生育法批判》（又称《山峨女史：家族制限法批判》，1922）。这本书受到了那些在孩子多和生活苦的夹缝中艰难挣扎着的人的热烈好评。（参见"附录"。）而他也成为无产运动中最有人气的演说者。

小仓金之助与数学的社会性

数学被有些人看作一门与人生和社会存在着紧密关联的学问，小仓金之助正是一位如此看待数学的优秀的数学家。以《数学家的回想》（《评论》，1949 年 10—12 月号，单行本于 1950 年出版）为代表的自传讲述了他的职业生涯。他是酒田一个船运批发商家的长子，从东京物理学校毕业后，成了一名数学研究者，并主要以民间数学家的身份活跃于科学界。在小仓的人生经历中，他应当体味到了自己与"家"、学院派之间的矛盾，这些对他学术风格的形成产生了深刻的影响。那些以数学为中心的科学论、横跨东西方的数学史研究尤其是有关数学教育的言论，都使小仓金之助成为一个令人难以忘怀的名字。

　　A：何为数学？

　　B：就是中学时代在学校最受折磨且在入学考试中最让人苦恼的学科。

　　A：既然是学得很辛苦的科目，现在应该也没有忘记吧。

　　B：什么？早就全忘光了。

　　以这样的问答形式开头的，正是他那部题为"数学教育的根本问题"（理念书院，1924）的著作。"为何学生会被数学折磨？为何走出学校后就会忘掉它？为何数学几乎与生活没有任何关联？为何学校要教授效率不高的数学？"这本书首先是从这些问题开始探讨的。他揭露了数学教育面临的状况，那就是数学教育陷入了专业性的孤立主义，为解决难题而设置难题成为一种常用的手段。并且，他认为应将数学教育的根本放在开发学生的科学精神上。他说，原本正是由于具有实用性，才会诞生数学和自然科学，但实际中的应用却遭到人们的蔑视，因此小仓主张要打破数学的高蹈性。

　　当时，教育正面临着从灌输主义改革为开发主义的问题，而小仓提出的这些问题增加了教育改革的机会。与此同时，在以最具抽象性和拥有完整逻辑性自居的数学中，他放入了"人生"这一函数，给人带来极具冲击性的新鲜感。与以往那种以"正确数学（或逻辑数学）"为唯一规范的数学观不同，小仓认为"日常生活及其他科学中最常被使用的"是"近似数学"或"实用数学"，因而他提倡人们去关注数学的实用性和社会性。

在《算数的社会性——通过算数来看十六世纪英国的社会经济状态》（1929）、《阶级社会的算数 1——关于文艺复兴时代算数的一个考察》（1929）、《阶级社会的算数 2——关于殖民时代南北美洲算数的一个考察》（1929）、《阶级社会的数学——关于法国数学史的一个考察》（1930）等一系列论文中，他指出了数学的社会性问题。原本，2+3 的答案并不会随着阶级的不同而有所不同，但是，"时代反映在学术上。特别是，初级算数绝不单单是那自称具有超社会性的数学中的一个分科，而无外乎是一种综合科学。这种科学包括了很多日常生活中的各类问题，因此不管算数书的著作是否能意识到这些问题的存在，我们却能够从中汲取到社会科学性的资料"（《算数的社会性》），他的这种观点促使人们对数学形成了新的认识，即不再认为数学的特点只体现在定理的绝对性这一方面，它甚至也被烙上了时代性、阶级性的印记。他的这些作品强烈地受到了历史唯物论的影响，特别是普列汉诺夫的《阶级社会的艺术》（藏原惟人译）给他带来了深刻启发。[《小仓金之助著作集》卷 1《数学的社会性》（劲草书房，1974）。]

与此同时，这些作品也是他的研究重心向数学史倾斜的产物。而这种倾斜伴随着年龄的增长而越加深入，他还酷爱研究发端于和算的日本数学史。当时正是法西斯主义抬头的时期，他却提出了培养"科学精神"[这个词是小仓提出来的（静间良次，《阪大时代的小仓先生之回忆》，收录于《小仓金之助著作集》

卷 2《月报》，1973）] 的主张。早期的岩波新书刊行了他的研究成果：《家计的数学》（1938）和《日本的数学》（1940）。前者讲述了生活中的实用数学，后者则通过与西洋的对比，进而指出日本的落后性，这两部著作的着眼点虽各有不同，但它们的目标都是为了使科学精神渗透于日本社会。

小仓金之助带着强烈的危机感来面对时代的巨变，在他的精神根底深藏着身为自然科学家的责任感，这种精神孕育出他对法西斯主义的批判。《自然科学家的任务》（《中央公论》，1936 年 12 月号）一文便是如此。在这篇文章中，小仓指出，伴随着法西斯主义的侵袭，出现了偏重军事科学、封锁科学批判的现象，其中自然科学家的利己主义化也日益明显。他主张，为了获得自然科学研究的自由并阻止战争的发生，自然科学家在保持批判精神的同时，现在更有必要与社会科学研究者"共同携手"（《小仓金之助著作集》卷 7《科学论：数学家的回想》，1974）。之后，随着战争越来越激烈，他的立场转为"走向日本数学的建设"（1944，这时的小仓批判"为了科学的科学"，强调科学的社会性，而这种立场就这样走向了科学的国家性这种逻辑，即他的数学行进在"皇国数学"的旗帜下）。战后，为了鞭挞过去"屈服于权力面前"的自己，他发表了《我们以身为科学家为耻——没有强烈的耻辱感才会写出"明治以来，日本的科学取得非常显著的进步"等》（《改造》，1953 年 1 月号）一文，向人们敲响了警钟——科学可能会再次被国家利用。

从事社会医学的人

数学是一门乍一看就是在构建抽象世界的学科，而医学则是一门完全与之不同的学科，它以谁都可以看到的方式出现在人们的视野里，并与人们的生活产生联系。它每天都要直面人的生死、健康、疾病等生命本身的运转问题。而生命的样貌在很大程度上是被生物学条件和社会条件规定的。从这种意义上说，若不考虑社会条件，将难以实现保护生命，即治疗和预防的目标，这是医学具有的特征。学界普遍存在一个共同的现象，那就是为学问而学问（为医学而医学）的意识占据主流，面对这种状况，医学界有一些人提出了另外的观点——疾病是社会矛盾的产物。推广这一观点的人将这种医学称之为"社会医学"。而在近代日本，导致人患病并决定人生死的最重要的社会条件就是贫困问题。因而那些从事社会医学的人，极力想从贫困的土壤中寻求解决疾病问题的方法。

那时还没有"社会医学"这个名称，石原修可以说是社会医学的先驱。20世纪初，年轻的医生石原受内务省委托，赴农村进行卫生调查。在调查中，他了解到，结核病正在农村迅速蔓延，而感染源是那些患病回乡的女工。他进一步调查发现，这些女工之所以患病，是由于工厂内恶劣的劳动环境和不卫生的居住条件造成的。他的调查报告《女工与结核》（1913）以令人震惊的笔触揭露了女工实际的劳动环境和居住条件，并以此为基础剖析了发病的途径。他这样写道："若用春秋笔法来说，可以说是工业杀死了五千人，在刑法上，谋杀、故意杀人是有罪的，而如此杀人却没有任何制裁。"［收录于上山春平、川上武、筑波常治等编《科学的思想Ⅱ》(《现代日本思想大系》26，筑摩书房，1964)；笼山京解说，《女工与结核》(《生活古典丛书》5，光生馆，1970)。]

　　提出社会医学这一概念的，是东京帝国大学医学部社会医学研究会的一些医生。20世纪20年代，东京帝国大学医学部成立了以数名"新人会"成员为中心的社会医学研究会。在此之前，1918年，东京帝国大学结成了一个学生思想运动团体——"新人会"，旨在实现社会运动和学问相结合。社会医学研究会的年轻医生们以这些"新人会"成员为先导，极力想要克服产生于贫困土壤的疾病或劳动灾害。胸外科医生宫本忍在他的《社会医学》(1936)一书中，将社会医学的概念逐渐形成一个体系。日本矿工总联合会、产业劳动调查所的《跕跍病》(执笔者为小宫义孝，1925)、松田道雄的《结核》(1940)、大阪府厚生会馆的《婴儿死亡的实态》(执笔者为丸山博，1944)、若月俊一的《作业灾害与救急处置》(1943)、高桥实的《东北一纯农村的医学分析》(1940)、林俊一的《农村的母性与婴幼儿》(1942)等，若将这些作品串联在一起，我们就可以发现，即便在亚洲太平洋战争中，仍有许多人去深入挖掘那些加害于生命的事实，他们的研究成果源源不绝。不过也因此，他们中的很多人遭到了当局的迫害。

　　我们可以略谈一下他们工作中的二三事。在松田道雄那丰富多彩而又斗志昂扬的著述生涯中，《结核》一书可以说是他著述活动的开端。他根据自己在京都市西京健康咨询所每日接诊百人以上的实际经历，写下了这本书，书中充溢着临床诊断的智慧。他向读者说明了结核是一种怎样的病，并在此基础上批判了那种认为"只要病人与结核斗争就好了"的普遍观念，希望普通人能与病人一同抗病。他还主张不要依靠奇怪的治疗方法，而要通过"理性"与疾病斗争。尤其是，过去人们最不重视对婴幼儿的保护，而他的研究则唤起了人们的注意。《婴儿死亡的实态》的作者是卫生学者丸山博，他在年轻时曾受到石原修的影响。1937—1938 年，丸山对大阪府岸和田市进行了调查，这个纺织业中心区的婴儿死亡率居全国第一，他在调查中证实了包括朝鲜人在内的往来人群中婴儿死亡率极高。《婴儿死亡的实态》是丸山根据实证调查而撰写出的一部力作。《作业灾害与救急处置》则是若月俊一在自己论文的基础上整理而成的著作。在石川县小松市，若月受应征的医院院长的委托而留守医院，为生产坦克的主力工厂小松制作所的工人患者看诊，从而了解到手指、脚趾的外伤多是由于劳动事故的多发造成的，于是他从有效治疗和安全对策的视角撰写了相关论文，并最终完成了《作业灾害与救急处置》。第二次世界大战后，这些医生分别在小儿医学、公共卫生学、农村医学等领域，留下了具有划时代意义的足迹。

科学论的中坚人物与时局

最后，我们不能忘记作为科学论论者的田边元和石原纯。田边是西田哲学的崇拜者，也是他的后继者。他最初是在东京帝国大学数学科学习数学，后转到了哲学科。1913 年，他被新建不久的东北帝国大学理科大学聘请，负责"科学概论"的课程，直到 6 年后调任到京都帝国大学文学部。在此期间，他勤勉工作，并撰写了不少作品，其中尤以《科学概略》（1918）最具代表性。这本书宣告了日本科学哲学的建立，并深入考察了"自然科学的因果法则"和"人类精神本来具有的自发性"之间的关系，成为人们思考世界和人生时的精神食粮。毕业于东京帝国大学物理学科的石原纯也差不多在同一时期受聘于东北帝国大学，他是第一位将相对论介绍到日本的物理学家，为日本物理学的启蒙发挥了巨大作用。在他的各类著作中，《科学与社会文化》（1937）是一本自在地谈论科学和时局、科学和人生、科学和教育等内容的随笔集，深深地打动了读者的心灵。

在法西斯主义肆虐之际，二人皆展开了热烈拥护科学精神的言论活动。田边的《科学政策的矛盾》（《改造》，1936 年 10 月号）指出，政府一方面鼓吹"以充实国防的目的来奖励自然科学"，另一方面却又要求"人文科学培养日本精神、东洋思想"。他抨击政府的这种矛盾，主张尊重作为实证精神和合理精神之结晶的科学精神。他们尤其对法西斯主义国家的民族科学进行了猛烈的批判。石原的《社会事情与科学精神》（《科学 PEN》，

1937 年 3 月号，收录于前述《科学与社会文化》）是在对法西斯主义统治怀有强烈危机感的背景下完成的，他主张为防止法西斯主义的侵袭，应培养科学的精神。面对以二二六事件为代表的恐怖主义的横行以及法西斯化的形成，石原的这篇文章和前述的小仓的《自然科学家的任务》一同展现了科学论者从自然科学的立场来对抗法西斯主义的精神。与田边和石原一样，小仓也是在同一时期被聘进东北帝国大学理科大学的，由此我们不禁想到，草创期的东北帝国大学聚集了多少清新俊逸的人才啊！

第 11 章

社会主义

近代日本与社会主义

在近代日本的思想领域，社会主义占有相当重要的分量。当 19 世纪后半期社会主义思想传播到世界各地之际，在日本的知识界，社会主义占据了论坛的主要位置。1928—1935 年，改造社陆续出版了《马克思恩格斯全集》全 27 卷 + 别卷、补卷。

不仅是马克思主义，广义上的社会主义也给近代日本社会带来强烈的冲击，其中有它必然存在的理由。近代日本面临的基本问题是，日本推行了近代化，或者说因为走上近代化的路程，造成了以地主-佃农关系为主轴的、根深蒂固的贫困，由于贫困，劳动者遭受残酷的剥削和压榨，贫困制造了各种悲惨和不幸，但也培养出人们急欲克服贫困的课题意识。对社会主义者而言，在贫困之上耸立着的天皇制具有专制性、军事性的特征，是他们最容易看到的标靶。而近代日本所采取的追随和对抗西欧社会的立场也加深了人们对社会主义的关注。这是因为在他们看来，社会主义是一种极富魅力的思想，它不仅仅是一种从西欧输入的思想，其本身的社会构想中也包含了超越西欧的思想。特别是，1917年俄国的十月革命带给人们极大的鼓舞，它使人们意识到，资本主义社会的下一个阶段已经在这个地球上实现了。

苏联解体是第二次世界大战后世界发生的一系列历史剧变达到顶峰的标志，它使很多人认为社会主义是20世纪的一个巨大的幻想，而这种认识在日本社会也几乎成为一种定论。尽管如此，主要在20世纪前半期崛起的社会主义给人们带来了新的原理和角度，从这一点来看，近代日本思想的资产目录中必然不能缺少这一重要的思想内容。

社会主义具有一种构想力，即它是最早从整体上分析国家和社会制度的思想。并且，它还为人们带来了从"阶级"看待世界的角度。它对国家展开了最犀利的批判，同时也提出了变革的方向，并将构想付诸于实际行动。因此，它成为国家镇压的目标，而受迫害者更是不计其数。与此同时，这也使"转向"的问题浮现于人们的视野中。

若暂不考虑那一个个社会主义者思想的连续性问题，而将日本的社会主义作为一种思潮来看的话，可以说是以俄国革命为界分为两个阶段。十月革命以前的社会主义，在今天通常被称作早期社会主义，斗胆来说就是空想社会主义。而在十月革命以后的社会主义思想中，马克思主义占据了核心位置，相较于前者，后者以科学社会主义自居，并通过"革命"来谋求社会主义的实现。

早期社会主义

19世纪80年代出现了以"社会党"命名的组织。这就是于1882年建立的东洋社会党和车会党。前者是樽井藤吉等人在长崎县岛原发起的，他们高呼"以平等为主义""天物共有"，提倡将土地平均分配给农民（田中惣五郎，《东洋社会党考》，1930）。后者则是东京的人力车夫为排除铁路马车而结成的团体。由于政府的介入，这两个党仅存在了两三个月便被解散，但它们的出现反映了社会党这一名称已广泛通用于社会。

松方财政[1]改革后形成的"下层社会"，是当时的人们最早关注到的社会问题，在历经中日甲午战争后，社会主义拉开了真正的帷幕。由自称为社会主义者的石川旭山（三四郎）编、幸德秋水补充的《日本社会主义史》[1907，收录于《明治文化全集》社会篇、岸本英太郎编《明治社会主义史论》（青木书店，1955）]是一部以日本社会主义的勃兴为主题的名作，它简洁地描述了社会主义的历史，称社会主义的蓬勃发展"宣告甲午战争的终结，敞开了社会运动的舞台"。

1　日本明治中期由大藏大臣松方正义推行的财政政策，通过统一纸币、建立兑换制度、设立日本银行等推进了国家财政的确立。——译者注

　　高野房太郎和片山潜等人是工人运动的主要领导者，他们
向工人呼吁，要有作为"一名卖劳力谋生的正路者"该有的觉悟，
并由此开启了工人运动。[这是日本最早配发给工人的印刷物《寄
于职工诸君》（1897）上出现的话，这篇文章由高野执笔（收录
于岸本英太郎编《明治社会运动思想》上，青木书店，1955）。]
高野早年曾赴美勤工俭学，从事过各种劳动，参与并组织过工
人运动。片山也曾赴美半工半读，留美期间受洗成为基督徒，
归国后参与了基督教主办的社会活动。在片山与他的同志西川
光二郎共同撰写的《日本的工人运动》（1901），以及收录了高
野房太郎在美期间的书信、通信、论说集的《明治日本工人通
信——工会的诞生》（大岛清、二村一夫编译；二村为该书做了
详细的注解，这本书可以说是一部极其珍贵的高野"小传"）中，
巨细无遗地呈现出社会主义勃兴时期工人运动发展的情况。与
此同时，继承自由民权谱系的幸德秋水和站在基督教立场上的
安部矶雄、木下尚江等人则把社会主义看作一种打倒弱肉强食
社会的原理，社会主义也是那些具有志士仁人意识的人所怀抱
的一种理想的未来社会图景。

　　后来，双方最终达成了以基督徒为中心的联合，从单打独
斗到联合，其实并没有花费很多时间。从创办社会主义研究会
到成立社会主义协会，再到创建社会民主党（建党不久便遭到
禁止），直到在 1903 年日俄战争爆发前夕，双方最终联结在一起，
共同主张"非战"，结成了平民社。在之后两年的时间里，平民
社以周刊《平民新闻》为核心开展了各种活动，构成了这一时

期最丰富多彩的社会主义运动的画卷。而日俄战争结束后的社会主义，则分化为以片山为中心的议会主义和幸德领导的直接行动派。早期的社会主义运动看起来势力不免稍显微弱，但作为思想，至少留下了三点显赫的成绩。

幸德秋水的帝国主义批判

一是，无须赘言，早期的社会主义否定既有的社会制度，首次提出了社会主义社会的构想框架。在这一方面，幸德秋水是一名颇具指导性的理论家。他的那句"十九世纪的自由主义虽能打破政权的不平等，却未能打破经济的不平等，自由竞争的制度反而激化了这种不平等，故而下层工人不堪其弊"（《十九世纪与二十世纪》，1900）鲜明地反映出他在成为社会主义者之前对社会问题的关注。

这种问题意识也贯穿于秋水后来的思想中，在20世纪初发表的两本著作《二十世纪之怪物——帝国主义》（1901）和《社会主义神髓》（1903）中，他将帝国主义和社会主义进行对比，并由此展开了深入而具体的探讨。在前一本书中，他批判帝国主义是"以所谓爱国心为经、以所谓军国主义为纬而编织成的政策"。在后一本书中，他概述了马克思、恩格斯、理查德·伊利（Richard Ely）、威廉·莫里斯（William Morris）等人所论的社会主义思想，指出金钱或货币是如何使人痛苦并堕落的，并提出在超越资本主义制度的社会主义中能够看到人类的未来。

幸德秋水（1871—1911）

　　其中，有一句话凝结了秋水对社会主义的思考："社会主义一方面是民主主义的，同时另一方面意味着它也是伟大的世界和平主义。"

　　秋水用那带有汉文语调和节奏的文章来表达他的诉求，他所要诉求的不仅是社会主义的构想，更是阻止军国主义的强烈意志。当时正逢世纪转换时期，日本社会盛行一种主张与列强为伍的新政策——帝国主义论，不仅如此，三国干涉还辽后，日本在高举"卧薪尝胆"旗号的舆论声中伺机雪耻，如此一来，舆论同国家一齐开始迈入了准备战争的轨道。而秋水却要挑战这样的体制。他的那两本书虽都是小册子，但却充满了否定和挑战既有社会制度的精神，体现出他坚忍不拔的意志。

平民社与非战论

二是，在日本历史上，平民社首次正式展开了非战论。《平民新闻》创刊号中有一篇由平民社同人联名的"宣言"，刊载了平民社倡导的原则。该宣言首先指出，"自由、平等、博爱乃人之所以生在世上之三大要义也"，随后详细阐释道，"吾人为保全人类的自由而奉持平民主义""吾人为使人类享受平等的福利而主张社会主义""吾人为使人类克尽博爱之道而倡导和平主义"。在这篇"宣言"的后面，堺枯川（利彦）和幸德秋水联名发表了"发刊之序"，进一步明确了《平民新闻》创刊的目的，即"《平民新闻》之创刊是为使人类同胞将来有一天能到达平民主义、社会主义、和平主义的理想境地而提供一个机构"。即便在发行遭遇困难的情况下，《平民新闻》仍继续维持，直到发行了第 64 号（1905 年 1 月号）后最终被迫停刊。

《平民新闻》上所刊载的非战论可谓丰富多彩。不仅发表有从人道的立场来探讨和平的文章，而且刊登了基于非武装、不抵抗原则而提出的主张，以及舍弃一国本位而强调世界本位的评论，甚至还有批评战争为人类最大罪恶的论述，各式各样的作品荟萃于此。此外，它还刊载了托尔斯泰的非战论。其中最铿锵有力的批判则是那些将战争称作帝国主义战争的文章。与此同时，对帝国主义战争的批判也透露出一种欲同对战国俄国的社会党团结协作的意愿。比如，第 18 号刊登的《给俄国社会党书》（英译第 19 号）以及片山潜和俄国马克思主义者普列汉诺夫在第二国际大会上握手一事，都反映出平民社愿同俄国社会党合作的态度。而这样的视角也促使他们形成了"今日之朝鲜毕竟是'胜利即正义'这种野蛮的国际道德的牺牲"的观点（《敬爱之朝鲜》，第32号）。在这些文章中，也有像《小日本哉》（第10号）那样典型地反映小日本主义思想的文章。[以《平民新闻》为代表的早期社会主义的主张，可参考林茂、西田长寿编的《平民新闻论说集》。荒畑寒村的《日本社会主义运动史》（1922）是一部由社会主义运动亲历者所写的历史概述，是非常宝贵的文献资料。]

无政府主义

　　三是，早期社会主义成为无政府主义发展的母体。提起日本的无政府主义，首先被列举出的人物有幸德秋水、大杉荣、石川三四郎，他们皆出身于平民社。其中，秋水作为"大逆事件"的首犯而被处绞刑，石川则有感于自己身处在石川啄木所说的"时代闭塞"中，于是亡命他乡、离开日本（在欧洲度过了七年多时光），而大杉却在关东大地震混乱时被人杀害。他们虽都是无政府主义者，但如同不尽相同的遭遇一样，三人都各有其独特的思想主张。

　　幸德秋水最初回避与国体论展开对决。由于《平民新闻》触犯新闻报纸条例，身为主编的秋水被捕入狱，出狱后亡命美国，并在当地与无政府主义活动家进行接触。受到他们思想的影响，回国后，他提倡"直接行动"论，高举无政府主义的旗帜。后来，他因"大逆事件"而遭到政府的逮捕，并在狱中写下了表明自己立场的遗作《基督抹杀论》（1911）。诚如前述，这部被称为"生前遗稿"的作品否定历史人物基督的存在，这一点使读者联想到他其实是借由批判基督来批判日本的"天皇制"。在此之前，他翻译了克鲁泡特金的《面包略取》（1908 年秘密出版，次年提交出版申请，但很快被禁止发售）。在这本书中，令人印象深刻的是，他引入了"共产主义"的概念，并借助中文的翻译，将"authority"翻译为"强权"。

秋水是一名具有儒教教养的社会主义者，他怀有强烈的志士仁人意识，而大杉荣却与之不同，他生来就散发着一股自由人所具有的气息。身为古板的陆军中级将校之子，他曾一度被送入陆军幼年学校学习，后因反抗长官而被开除。他似乎想要让自己成为一名反抗家庭和社会境遇的叛逆者，于是便从所有的束缚中解放出来，自由地发表言论并开展行动（《自叙传——日本逃脱记》）。

在那布满空字符号和删除痕迹的《追求正义之心》（1921）一书中，字里行间洋溢着大杉荣自由的思想。他的无政府主义思想是针对征服与被征服而提出的，诚如他所说的"所谓生，所谓生之扩充，自不待言此乃近代思想之基调"，每一个人都能够实现"生之扩充"，才是他所追求的理想社会。他还吐露过这样的名言："阶调早已不美。美只在乱调中。"（《大杉荣评论集》）在同布尔什维克之间展开的无政府主义与布尔什维主义的论争

大杉荣（1885—1923）

中，大杉是主要的参与者，但他批判的基调却转向了布尔什维克的集权主义。他将监狱称作"监狱大学"，以"一犯一语"为自己的口号，并在狱中完成了多部译作，其中，他翻译的克鲁泡特金的《互助论》（1917 年翻译为日文）修正了优胜劣汰的进化论，提出了动物界存在的法则——人类依靠互助的本能会建立和谐的社会生活。正是由于他的翻译，才使这本书的思想在日本广为流传。

与以上二人不同，石川三四郎则提倡基于人们的自治意识所形成的"土民哲学"，也可称作土著哲学。他的《近世土民哲学》（1933）便是一部简要论述"土民哲学"的作品。[收录于鹤见俊辅编《石川三四郎集》（《近代日本思想大系》16，筑摩书房，1976）。]所谓"土民哲学"，其实是将民主主义翻译为"土民生活"

（将"dēmos"翻译为"土民"），由此而形成的一种哲学，这个概念中蕴含着石川的一种志向。一直以来，"土民"意味着那些"野蛮、蒙昧、不服从的贱民"，但他却从这样的"土民"中重新读出了"土著自立的社会生活者"的意味。于是，他提出了"从土著中寻求生活基础"的哲学，并从这个角度对近代文明进行批判。以下引用的是书中的一段内容：

> 自进化论、生存竞争论诞生以来，文明人的理想即在于"自然之征服"上。征服自然即破坏土地。破坏土地即破坏吾等自身。文明生活导致人类生活颓废的原因就在于此。文明生活无非是对土地施加的叛逆行径。

而当我们在谈论社会主义者时，我们不能忽视那些常常为受刑事处罚的社会主义者进行辩护的律师。比如，在幸德事件发生时为幸德辩护的平山修，以及后来在自由法律团[1]为社会主义者进行辩护的布施辰治等人，而以奇言、奇行出名的山崎今朝弥也是其中一员。在关东大地震发生后的次年即1924年，山崎目睹了日本人屠杀朝鲜人的行径，愤慨之下写下了《地震宪兵火灾巡查》一书（在此书和《律师大甩卖》的基础上，又重新编辑有《地震·宪兵·火灾·巡查》一书），这本书充分展现

---

1 1921年，神户三菱、川崎造船所发生劳资大纠纷。为对人权蹂躏事件进行调查和抗议，山崎今朝弥、布施辰治等律师创立了自由法律团，旨在维护人权和革新法制。——译者注

了他的骨气和见识。以下引自其中的一段：

> 今天，若日本被美国吞并，美国人轻蔑或虐待日本及日本人的话，我一定会在那时拼命地为日本的独立运动奔走呼号……既然解放运动的目的是要从所有的桎梏中解放出来，那么，也应该从那些由于民族隶属而产生的轻蔑和虐待中解放出来，首先当然是发起独立运动。作为一名日本人，我在思考今天的朝鲜问题时，真正深切地感受到何为"推己及人"。
>
> （《朝鲜问题的问答集》，收录于《地震·宪兵·火灾·巡查》）

马克思主义

丸山真男曾说过，以"心物一如"的方式，从原理上否定日本思想中传统的"精神杂居性"的，不外乎是"明治时期的基督教和大正末期开始盛行的马克思主义"（《日本的思想》，岩波书店，1961）。丸山指出，由于它们具有异质性，因此才会遭到传统一方的强烈排斥。关于马克思主义，他这样评论道，由于马克思主义的到来，日本的知识世界首次"不仅能分别从政治、法律、哲学、经济等方面把握社会现实，而且学会了综合考察它们的相互关联性"，这使马克思主义在社会科学中独占鳌头，同时也是造成马克思主义者在"理论信仰"上自我中毒的原因。

马克思主义不仅可以用来解释世界，而且是变革世界的理

论，这一点尤为吸引知识青年。第一次世界大战结束后的 1918
年 12 月，以东京帝国大学法科大学学生为中心的青年高举"新
人道主义"的旗帜，结成了新人会。不久，这个组织就转变为
以马克思主义为主轴的团体，并联合全国各高等教育机构的学
生团体共同组成学生联合会（即学联，后变为学生社会科学联
合会），而新人会可以说是学联的核心骨干。由于一些马克思主
义者陆续登门造访西田几多郎，并与他谈论到深夜，这常常使
西田处于"由于马克思而夜不成寐"（1929 年时作的短歌）的状态。
20 世纪 20 年代，特别是 20 年代后半期至 30 年代初，工人运动、
农民运动、部落解放运动、学生运动等社会运动迎来了它们发
展的鼎盛时期，这些运动都或多或少地受到了马克思主义的影
响。与此同时，这时的马克思主义主要以福本和夫提出的主张
分离结合论的福本主义[1]为指导思想，并由此而引发了激烈的论
争，马克思主义者之间甚至出现了难以愈合的裂痕。1925 年颁
布并实施的《治安维持法》，所针对的是那些变革国体和否定私
有财产制度的人，后来，该法律还经过两次修订，扩大了取缔
对象的范围，并加重了刑罚程度，其逼迫人的威势猛烈地冲击
着日本国内的革命运动。

---

1 福本和夫批判山川均提出的重视工人自发形成阶级意识的指导理论，攻击山川
 主义为折中主义、工会主义，主张为了将运动发展为政治斗争，需要通过理论
 斗争将掌握理论的革命分子从大众中"分离"出来，并从外部向工人灌输马克
 思主义意识，最终使二者结合，从而实现革命。——译者注

三木清的人学

在这种情况下，身处哲学领域的三木清踏上了从观念论架向马克思主义的桥梁。原本从教养主义的角度来看，三木是京都学派诞生出的最具才华的哲学家。[三木的这种哲学家的姿态一直保持到晚年。《人生论笔记》（1941）便是他关于人生思考的结晶。]他撰写的《帕斯卡的人的研究》（1926）是他留学欧洲的一个成果，回国后，他全身心地投入到唯物史观的研究中去，并在《思想》杂志上相继发表了《人学的马克思形态》等文章，后将这些论文整理成《唯物史观与现代意识》（1928）出版。

在这本书中，他这样写道："唯物史观是一个独立的、立于充满特色的人学之上的世界观。""通过最彻底地主张物质而得到解放的不仅仅是物质，当然也不单是精神。反而是物质和精神被扬弃后，人性本身全部得到了解放。"这些话语镶嵌于他的论述和思考中，引人入胜。对那些因马克思主义内部对抗以及政治和人生感到苦恼的学生而言，三木清的这本著作给他们带来极大的影响。久野收便是其中深受影响的一人，他这样说道："这本书给当时还是高中生的我们带来极其深刻的影响。在决定我们人生的方向上，这本书发挥了一个重要的作用，这么说恐怕并非言过其实。"（《三十年代的思想家们》，岩波书店，1975）。但是，也正是由于三木持有这样一种人学的视角，所以才会被马克思主义者批判为修正主义，而他自己后来也偏离了马克思主义的路线。

讲座派的人

此后，马克思主义者对日本的历史和现状进行了深入的分析。一种是以国家结构、经济结构为分析对象，另一种则是将思想结构、文化结构作为分析对象。

前者的代表作为《日本资本主义发展史讲座》。1932—1933年，年龄皆在30岁左右的大冢金之助、野吕荣太郎、平野义太郎、山田盛太郎合编了一套7卷本丛书，由岩波书店出版，这套讲座丛书将近代日本的起点——明治维新视作封建制度的最终阶段，并认为明治维新后的日本是绝对主义国家。这些学者通常被称作讲座派，他们为日本的现状提供了有力的分析依据。而"天皇制"的称呼也来自讲座派的发明，一直以来，人们都不敢直视天皇，讲座派却将以天皇为中心甚至影响到日本国民精神的统治结构称为"天皇制"。因而，《日本资本主义发展史讲座》和讲座派遭遇了种种磨难，《日本资本主义发展史讲座》丛书到处布满"天窗"，后来被禁止发售，几位作者也遭到了拘捕。（1982年，岩波书店重新刊印了这套丛书，并将空字部分还原。）

讲座派的日本社会研究不仅仅停留在研究层面，他们的目的是要确定即将到来的革命的性质。这也为苏联共产党领导下的共产国际对日本共产党进行指导奠定了基础。根据绝对主义的阶段划分，以打倒天皇制为目标，讲座派认为，在进行社会主义革命之前必须要先实现资产阶级民主主义革命。而向坂逸郎、栉田民藏等集结在《劳农》杂志周围的所谓劳农派却与他们持不同的立场，劳农派视明治维新为资产阶级革命，认为维新以后的日本是近代资本主义国家，因此主张要进行社会主义革命。由于两派路线的对立，双方展开了激烈的论争。

在《日本资本主义发展史讲座》的筹划及编写过程中，野吕荣太郎发挥了核心领导作用。他在庆应义塾大学读预科时就已开始参与学生运动，后来加入日本共产党，一边从事党组织的活动，一边对日本的封建制度和明治维新、资本主义进行理论性及实证性的研究，并出版了《日本资本主义发展史》（1930）一书。这本著作从资本主义前史开始考查，进而对现状进行了分析。他指出，日本资本主义具有以下特征："在先进的资产阶级诸列强的强烈影响之下，绝对专制性的诸势力主要通过行使政治权力，促进了资本的原始积累，这为日本资本主义的发展过程增添了浓厚的色彩。"野吕担任《日本资本主义发展史讲座》编写的指导工作，他曾写下一篇范文，但由于身患重病，也因为他为党的活动奔走操持，这篇文章并没有投递出去。野吕被逮捕后病情加重，在狱中逝世。

《日本资本主义发展史讲座》用历史唯物论来分析日本社会，为人们带来一种新的审视历史的视角，丰富了人们对于历史的认识。尤其是，山田盛太郎那部由投稿论文结集而成的《日本资本主义分析》（1934）和平野义太郎的《日本资本主义社会的结构》（1934）被认为是揭示日本资本主义军事性、半封建性性质的经典作品。

讲座派中的历史学家羽仁五郎、服部之总也对历史学研究产生了广泛而深远的影响。羽仁对学院派史学怀有强烈的批判精神，他提出了从农民的视角以及国际的视角来重新审视维新革命的方法，开拓了维新史研究的新生面（我们可以从《明治维新史研究》中看到这种研究方法的精髓）。不仅如此，作为一个无拘无束的自由人，羽仁还以笔为枪，奋笔直书，积极参与到反法西斯主义的斗争中。在他的诸多作品中，尤以《米开朗基罗》（岩波书店，1939）一书最能引起读者的共鸣，这部描绘自由都市佛罗伦萨市民为争取自由而斗争的作品震颤着读者的灵魂。

在讲座派中，服部因主张幕末时期是"严格意义上的工场手工业"时代（"严手工论"），并因此与土屋乔雄展开激烈论争而被人熟知，他在以明治维新史和自由民权史研究为中心的绝对主义论方面留下了伟大的足迹。同时，他也写下了许多构思巧妙、熠熠生辉的随笔。《黑船前后：志士与经济》便是其中一部精彩的随笔集，它使读者充分领略到阅读历史的乐趣。

贫困的农村

日本社会矛盾的根本之处在于农村（正确来说是农山渔村，但当时主要使用"农村"），这个问题很早就有人关注到了。寄生地主制再次形成身份上的差异，并造成了以佃农阶层为中心的贫困问题的持续蔓延。与此同时，农村被视作粮食和劳动力、兵员的供给源。因而，以内务省官僚和农政家为中心的一些人士普遍基于农本思想，反复提倡地方改良和自力更生。但是，这并不能斩断贫困的根源，反而在 1930 年爆发了更深的矛盾，这就是昭和恐慌，也被称作农业恐慌。这个时期诞生出许多描绘农村实际贫困状况的作品。猪俣津南雄的《勘察报告——贫困的农村》（1934）和丸冈秀子的《日本农村妇女问题——主妇与母性篇》（1937）合称为农村贫困研究的"双璧"，堪称经典。

　　猪俣是一名马克思主义经济学家。在帝国主义论、垄断资本论、农业问题论等领域拥有众多论者的劳农派中，他也是其中的一名重要的理论家。昭和恐慌结束后的 1934 年，他遍访二府十六县，进行了勘察之旅，并倾听了农民的诉求，《勘察报告——贫困的农村》便是他"一心想要告诉人们真相而写下"的作品。该书由"贫困的各种形态""农民所见的农村对策""农民挣扎并渴求的东西"三篇构成，全书结合农村的实际样貌和农民心理，并以经济学家特有的宏观视角做了全面的归纳和整理，这些也是此书的特色。其中尤为引人注目的是，他引用了青森农民活动家淡谷悠藏文章中的一段内容："农民认为只有吃饭才是不可缺少的事，然而最重要的吃饭问题却受到威胁，这是何等的讽刺啊，而农民只能吃掉他们自己，甚至已经开始要吃掉下一个时代了。"

　　我们可以从丸冈的自传作品《一路行来》（3 卷本，偕成社，1972—1977）中了解到她的亲身经历和思想形成的过程。当她深切地认识到日本社会存在的家制度和女性歧视问题后，她极力想要争取自立。在产业工会中央会调查部工作时，她对农村女性进行了调查。《日本农村妇女问题——主妇与母性篇》便是调查的最终成果。在书中,她较多地引用了日本东北农村的事例,揭示了农村女性面临的问题。她认为,矛盾的归结点在于,农村女性想要追求普通的生活,但却苦于过劳和营养不足。与此同时,她也指出,在克服这种状况时,女性会遭遇许多环境壁垒,比如,由于社会原因造成的生活困难、传统的歧视观念、将所有负担都由女性来承担的家制度、公共设施严重不足等。

户坂润与日本意识形态批判

在分析思想结构与文化结构方面,哲学家户坂润是其中具有代表性的马克思主义者。从第一高等学校理科班毕业后,他进入京都帝国大学哲学科专攻数理哲学,这样的学习经历促使他以自然科学的态度来对待学问,从而为他的学问奠定了基础。当他把自然科学观运用于社会科学的领域时,便构筑起了唯物论哲学。因此,户坂的唯物论具有以下三个特点:第一,他跳出了西田几多郎、田边元哲学的范畴,达到了战前唯物论的最高水平;第二,他对实验和技术这些问题具有浓厚的兴趣;第三,他秉持"科学的"精神,与"文学主义""人生主义"的态度大异其趣。他所著的《科学论》(1935)充分展现出他的唯物论框架。唯物论哲学家、哲学史家三枝博音评价他为日本迄今为止无以伦比的"新型的唯物论者"(《日本的唯物论者》,英宝社,1956)。

戸坂润以唯物论为武器，对法西斯化的日本的各种意识形态进行了猛烈的批判，这就是《日本意识形态论》（1935）。诚如其副标题"现代日本的日本主义、法西斯主义、自由主义思想批判"所示，这本书从整体上逐个击破各种意识形态的逻辑矛盾，手法极其巧妙，时而辛辣，时而妙趣横生。户坂指出，"日本的意识形态"故意表现出它的严肃性，就像赤裸的皇帝那样被烘托出来，而自由主义则因其具有的文学性、感性色彩而变成了无原则性的思想。他对当时社会横行的日本精神论逐一进行了研究，并做出了以下论断：

> 对日本主义而言，原本称作日本精神的那些概念，或叫作"日本"之类的概念本身，并非需要解释说明的对象，反而由于其不需要说明，因此它们不过是人们为能进行相当随意的说明而采取的方法或原理……
>
> 日本主义没有任何内涵，与此同时，反过来说，不管怎样的内容都可以随意塞入日本主义中。

拥有如此批判视野和能力的户坂，在唯物论阵营中发挥了核心作用。九一八事变后，日本当局对马克思主义思想运动和社会运动的镇压日益加剧。在这种情形下，1932 年，户坂与冈邦雄、三枝博音、服部之总、永田广志、本多谦三、小仓金之助一同发起并创立了唯物论研究会。这个研究团体创立的"目的是探讨那些不脱离现实的各种课题，研究自然科学、社会科学及哲学中的唯物论，并对启蒙有所助益"，他们还刊行了机关杂志《唯物论研究》，户坂是该杂志最积极的撰稿人。1935年，他担任主编开始出版"唯物论全书"（三笠书房）。前述《科学论》就是这套丛书的第一册。

迫害仿佛与社会主义者形影不离，是他们不得不遭遇的一种经历。幸德秋水和大杉荣就是其中被迫害致死的社会主义者，这里所列举的人物大部分都曾遭到当局的逮捕。在日本投降6天前的1945年8月9日，户坂润死于长野监狱，而在日本投降42天后的9月26日，三木清也死于丰多摩监狱。从这个意义上说，他们分别卒于狱中的事实正象征着近代日本社会思想家所遭遇的残酷命运。特别是，三木在日本战败后将近一个半月的时间还被扣押在监狱，这不禁令人想到，他们怀着多么强烈的愿望啊，想要通过自己的力量实现解放。

中野重治与马克思主义的视野

在大日本帝国统治下，人们之所以会被马克思主义吸引，是因为在他们的内心深处，都对掠夺、蹂躏等为非作歹的暴行表示强烈的愤慨，他们意识到必须要彻底否定这种帝国体制，而马克思主义恰好给他们怀揣的使命感提供了方向。中野重治早期的诗歌中便洋溢着这种马克思主义的初心。

在他的诗歌中，大日本帝国体制被他视为敌人。面对这个敌人，他丝毫没有只想在语言上一味地逞强，对其表示轻蔑，以寻求自我满足，反倒是在其诗歌中表达出一种愤怒：那些处于体制牢牢压制下的被掠夺者发出了痛苦的呻吟，他们因无法忍受压迫而不得不赤手空拳地去进行抗争，他们的内心充满了悲痛之情，坚持与体制抗争的意志化为愤怒喷薄而出。在这里，我选取了他的四篇不同主题的诗歌与大家分享，不过仅摘选其中的一部分，这样做可能会稍显随意，但我们却可以从中读出他的心声。[这里引用的作品包括了"天窗"部分（用 * 表示），复原部分在上方做了旁注。并不涉及后面字句的异同。所引诗歌出自《中野重治全集》第 1 卷（筑摩书房，1976）和《季刊三千里》2 号（1975 年 5 月）。]

《黎明前的再会》（1926）讴歌了那些从事非合法活动的年轻人肩负的使命感、怀有的紧张感和献身精神。

> 我们必须工作，
> 为此必须去找人商量。
> 然而当我们商量时，
> 巡警来了，盛气凌人，
> 于是，我们回到二楼，
> 在院子里和小路上考虑着。
>
> 这里有六名青年沉睡着，
> 楼下有一对夫妇和一个婴儿沉睡着。
> 我不知道六名青年的来历，

只知道他们与我是同伴；

我不知道楼下夫妇的名字，

只知道他们欣喜地将二楼租给我们。

黎明即将到来，

我们还要搬家吧。

……

《火车》(1927)描述了正月假期里被解雇后返回故乡的女工。

再见！再见！再见！再见！

再—见！再—见！再—见！再—见！

我们看到了，

我们听到了，

百名女工下车了，

千名女工继续坐着火车离去。

何谓女工，

何谓纺织女工，

何谓公司、工厂、烟囱、宿舍，

何谓她们在那里被榨干，

何谓像湿毛巾一样被拧干，

何谓正月，

何谓正月假期，

啊！她们被彻底榨干了，

然后被赶出来，借着正月之名。

……

《刊登在报纸上的照片》（1927）通过刻画士兵的立场，揭露了对中国的战争（"出兵"）具有侵略性。

请看啊，

请看从这边数第二个男子。

这是我的大哥，

您还有一个儿子，

您还有一个儿子，我大哥在这里，这副样子。

裹上了绑腿的，

便当准备好了。

沉重的弹药囊一圈圈地被卷起，

枪已上好膛，

子弹已装满，

佩刀已挂好，

射向这里。

（上海总工）

＊＊＊＊会的墙壁前，

他以杀人犯的面孔牢牢地站立在那里。

请看啊，母亲！

看您的儿子做了什么。

您的儿子杀了人，

他无缘无故地杀死了素不相识的人。

这面墙壁前出现的人，

是用您温柔的儿子的那双手，

那颤抖着的胸膛当即就像被刀剜开一样，

……

母亲啊！

我和我大哥唯一的母亲啊！

不要再闭上您苍老的眼睛。

（御大典）

而《雨中的品川站 *** 纪念——送别李北满、金浩永》(1929)
则是在昭和天皇即位之际，为送别被强制要求离开东京的朝鲜
革命家而作的诗，通过送别这种方式表明了自己想要与朝鲜革
命家团结合作的态度（同时这也是对自己下定决心的一种确认）。

辛哟，再见！

金哟，再见！

你们将从雨中的品川站乘车离去。

李哟，再见！

另一名李哟，再见！
你们将回到你们父母的祖国。

你们祖国的河流被寒冬冰封，
这离别的一瞬，你们反抗的心也已冻僵。
雨水浸湿了大海，黄昏的海涛声愈来愈激越，
被雨水淋湿的鸽子，穿过烟雾，从车库的屋檐上飞了下来。

（驱逐 的天皇）

被雨水淋湿的你们想起了 ** 你们 ***，

（蓄着胡子 戴着眼镜 驼背的他）

被雨水淋湿的你们想起了 **** **** ****。

风雨交加中绿色信号灯亮起，
风雨交加中你们的黑色瞳孔里怒火偾张。
……

中野的诗歌体现了那些开展社会运动的活动家怀有的觉悟、无产阶级观、战争观、殖民地观，几乎涵盖了当时马克思主义具有的所有视域，他甚至传达出了一种马克思主义者的气息。特别是在"品川站"一诗中，他在后面将朝鲜同志称作"日本无产阶级的前矛后盾"，并说他们将帝国主义的尾巴留在了身后。

马克思主义与转向

在思想史上谈到社会主义，特别是马克思主义时，转向是难以回避的一个问题。1933年，日本共产党的领导人佐野学和锅山贞亲因违反《治安维持法》而被关押在东京市谷监狱，他们共同执笔撰写了长篇手记"面临紧迫的内外局势和日本民族及其工人阶级——在战争及内部改革临近前共产国际及日本共产党要进行自我批判"，这篇手记由司法省刑事局印刷、分发各处，还以"告共同被告同志书"为题刊登在同年7月号的《改造》上。他们发表的这篇声明给那些社会活动家带来近乎"神话倒塌"的冲击，并导致许多人放弃了共产主义、脱离了之前从事的社会主义运动，以致所谓的转向现象层出不穷。在共同声明中，佐野和锅山指出，"满洲事变以来面临的国家之事""使我们从内心意识到自己是日本人""促使我们觉悟到自身所处的民族立场，不可避免地要从根本上对我们过去从事的活动进行自我批判"。他们还对共产国际的国际主义进行了批评，并提倡发展基于"民族"的"一国社会主义"。

当时，马克思主义者转向的理由和方法各式各样，但他们基本上都背弃了马克思主义信仰，放弃了各自的行动，多数人转而投向当局的怀抱，去配合总动员体制与战争体制的国策。不过，日本在第二次世界大战中的败北使局势发生了彻底转变，与少数非转向者或"殉教者"相比，那些转向者被视作变节者，不可避免地沦为伦理判断的对象。这反过来也造成了他们将转向归结为个人懦弱的倾向，再加上当事人的沉默，使他们产生了一种不愿将"转向"作为思想史研究主题的抗拒心理。

　　而在 20 世纪 50 年代后半期，几篇具有开创意义的转向研究作品问世后，这种研究状况才被真正打破。这些作品分别是：本多秋五的《转向文学论》(《岩波讲座：文学》第 5 卷，1954，该文与其他论文一同收录于《转向文学论》，未来社，1975)；吉本隆明的《转向论》(《现代批评》第 1 号，1958 年 11 月，后收录于《吉本隆明全著作集》13)；思想科学研究会编的《共同研究：转向》(全 3 卷，平凡社，1959—1962，改定增补版为1978 年版)。这些研究成果将"转向"视为一种历史上的认识对象，开拓了转向研究的路径。

　　在《转向文学论》中，本多将自己视作一名与无产阶级文化艺术运动有缘的人，然后对转向文学展开了剖析。在谈到作家的转向问题时，他以小林多喜二的活法和死法为判断基准，他关注着转向这个主题，呈现出生活于同时代的人所怀有的感受。在这里，我从他那富有启发的话语中，选取两处与读者分享。一个是，思考历史中人的问题的视角。他这样说道："转向也是历史轨迹的问题，也是活着的人所面临的生与死的问题。那一个抵抗历史分歧的最大的点，如芝麻粒那样被揉搓，甚至连它的芯都被搅动，我们用这样的视角靠近那些领导人，若将那一点放大来看，里面混沌模糊，很难看清事实。那里正演绎着一场完整的宇宙剧。那里有人的伟大和渺小、高贵和丑陋。"另一个是，他提出了转向和"大众"之间的关系。他这样说："转向的内在因素，一般来说有两点——运动理论的观念性和大众本身的转向。"（当然二者密切地联系在一起）不仅如此，本多还将转向作为日本文化在本质上具有困难性的一个例证，即"一方面，在日本，所有外来的思想文化都被日本本土化，而另一方面，实现真正意义上的日本的本土化、民族化却又多么困难"。

吉本将转向问题的核心解读为"孤立于大众之外的孤立（感）"，并认为产生那种"屈服"的原因，是由于日本的知识分子"在思想上不关心传统""思考本身完全不能应对社会的现实结构，而让逻辑本身自我发展、自我完结"，这种"日本式的近代主义"才是问题所在。与此同时，从思考的自我完结性这一点来看，他认为所谓的非转向"与其说是本质上的非转向，毋宁说是与佐野、锅山形成对照的一种相对意义上的转向形态"。

在《共同研究：转向》中，共同研究的组织者鹤见俊辅撰写了《序言：关于转向的共同研究》，他将转向定义为"因受到权力的强制而发生在思想上的变化"，并提出了一种研究视角，即从伦理的束缚中解放出来探讨转向问题，但同时，鹤见也"对他们这些下一代人却来追究这些问题感到内疚"，因此主张即便为了未来，也应该要做这项工作。共同研究的参与者不仅针对共产主义者的转向问题，也对包括自由主义者、国家主义者在内的转向分别进行了探讨，并提示出了转向所包含的各种可能性。鹤见在后来还发表了以转向和锁国性为主轴的思想史研究作品《战争时期日本精神史：1931—1945》（岩波书店，1982）。

转向问题在过去往往倾向于被看成是马克思主义者思想节

操的问题，但通过以上的先行研究，它转化为思想史上一个具有普遍性的课题，并为我们思考包括民权思想在内的权力与思想的关系问题提供了线索，也使我们不得不重新思考 1945 年日本投降后日本人的再转向问题。诚如鹤见在前述"序言"中所言："不去直面转向问题的思想，只有儿童的思想，以及那些依靠父母生活的学生的思想，这些思想不过是在榻榻米上游泳，完全脱离了实际。伴随着就业、结婚、地位的变化，人们也要忍受各种相应的压力，只有开始某些转向，并逐渐将思想化作行动，这才可以说是成人的思想。"这段话把转向这一不可回避的问题摆在了每一个人的面前。

尽管有这样丰富的研究成果，但转向经历不免还是会被视作负遗产，但它对文化创造发挥了杠杆作用。这一点主要体现在文学领域。中野重治的《村之家》（1935）、高见顺的《忘却故旧》（1935—1936）、岛木健作的《生活的探求》（1937）等转向文学的杰作便是"转向"的产物。中野从黏黏糊糊的自我中挣脱出来、高见的饶舌体、岛木过于苛刻的禁欲主义都是在接受转向伤痕的过程中创造出来的特色。

第 12 章

女性主义

贞女的风土

在设定这个主题的时候，我想起了古庄由纪子写在《故乡与女人们：大分近代女性史序说》（DOMESU 出版，1975）开头部分的话。作者对那些居住于大分的女性展开了历史调查，尔后吐露出这样的感想："无论走到哪里，只会邂逅孝女、贞女、爱国妇女，这里的风景枯瘦暗淡，完全没有景山英子、伊藤野枝、与谢野晶子、平冢雷鸟、宫本百合子的影子。""是啊，没有景山英子等人，并不意味着她们的坐席空空如也，而是说这里所到之处尽被孝女、贞女填塞，一开始这里就没有景山等人的位置。"

当然，地方社会也并非完全被孝女、贞女充塞。民俗学中常提到的女性的功劳，即"妹之力"就在地方社会发挥了重要作用。但是，这绝不会浮现于社会的公共层面，往往属于家庭幕后的营生，并且只限于女性私人的交流层面。实际情况是，孝女、贞女也许并非她们本来的面目。虽说如此，但社会约束力却迫使她们戴上了这种假面具，况且，相互之间的监视力也异常强大，极目眺望日本列岛就可知道，正是这些力量促使了贞女风土的形成。

那些贞女们被表彰为女性之鉴，成为当地的活标本。古庄对所谓贞女的装置做了如下的阐释。通过将女性打造成孝女、节妇、贞女，"故乡的女人们"的"身体会被别针固定在'真正的日本人'的标本上"，从此以后必须"被名誉紧紧束缚着"活下去，而如此一来，"尽管遭到来自语言的绑架，但她们却深切地感受到名誉带来的恩惠"。随后，作者写下了这样的结语：不应将那些"无法诞育先进女性的保守的农村县市"视作"女性史的空白部分"，而应将其称作"女性史的凹陷部分"，"凹陷部分具有不同于凸出部分的力量，那里虽然暗淡无光，却有那么些魔性的力量"。

文学与女性主义

女性的才能和思考被贞女风土掩埋，但女性主义的萌芽最终冲破了冻结的大地，出现在日本历史的舞台上。

女性主义萌芽的条件蕴藏在日本走向近代化的过程中。越是谋求在学校、参政权、民法等制度上日臻完备，就越会固化女性和男性之间的性别差异。尤其是，由于宪法的规定，女性被剥夺了参政的权利，且民法的颁布又促使家制度得以确立，这些都导致女性处于从属地位。而教育担负了教化女性的职责，要求女性应当具备作为国家成员应有的觉悟。尤其是，以造就"良妻贤母"为宗旨的女子学校（基督教派的学校暂且另论）成为涵养"妇德"的据点。那些推进女子教育发展的女性教育家，特别是私立女子学校的创立者常常以热情洋溢的言辞向学生鼓吹"妇德"的涵养。

但是，这些言辞不论多么热情洋溢，都无法抑制那一颗颗渴望成长的年轻的心灵。她们在女子学校接受了知识的训练，并且拥有了仅限于同性之间的共同空间，这为女性主义的萌芽创造了条件。从这种意义上说，宣扬"妇德"的女子学校变成了反叛"妇德"的母体。

当她们被迫放弃争取政治权利的自由民权运动后，多数女性通过以自身为素材的形式，在细腻的文笔中开始吐露自己的思想。文学是在虚构与现实的交错中形成的思想结晶，它被公认为是一个属于女性在传统上进行自我表达的领域，因而也成了她们集中迸发思想火花的舞台。这促使女性创作出的作品带有自己的特色，它们不同于那些充斥着虚构性思索的男性作品，她们会追问人生的意义，抑或是舍身忘己，她们的作品中洋溢着一种鲜活的、动人心魄的力量。

宫本百合子的《妇女与文学——近代日本的妇女作家》（1947）正是一部展现那些女性作家文学风采的杰作，她用生动的笔触描述了近代以来各个时期涌现出的一些具有代表性的女性作家的命运及其作品。这本书在第二次世界大战后进行了大幅度修改，并发行了单行本。其实，这本书原本是作者将1939年至1940年连载于综合杂志和文艺杂志上的文章汇编而成的一部作品。她曾数次前往帝国图书馆（现在的国会图书馆）借阅旧杂志，整理笔记，从而写下了那一篇篇关于女性作家的文章。由于宫本百合子本人曾接到过内务省"暂缓原稿刊载"的内部指示，于是根据编辑提出的要求，采用了比较容易通过审查的随笔形式，最终完成了这部作品。但是在单行本即将刊行之前，12月8日太平洋战争爆发，次日该书被检举，并中止了出版。宫本在战后对书稿进行了修改，并将这部作品呈现在读者面前。（参见：中村智子，《宫本百合子》，筑摩书房，1973。原本那一篇篇有关《妇女与文学》的文章中洋溢着宫本所特有的勇气、知性和感性，但却无法原样呈现在读者面前，实在令人惋惜。）在"前言"中，宫本这样写道："作为一名日本妇女作家，在受到野蛮文化压制的时期，在自己最想写的小说由于主题的关系而不能形成一部完整作品的时期，我一直在思考，近代日本的文学和妇女作家是如何生存下去的，我带着这个迫切的问题去探寻她们的人生及其作品。"

　　正因如此，宫本从最深奥之处捕捉到了使女性作家成为女性作家的内在动机。她以樋口一叶为例，讲述了这种动机："作为明治二十年代的一名市井妇女，在她日常的内心世界里，有着难以抑制的伤痛，有着泪水，有着控诉，还有将这些经历转化为一部佳作的好胜心和热情。"即便世事变迁，这一点始终是驱使她们成为女性作家的动机。她还这样评论道："日本女性文化的水准在提升，她们所处的社会境况亦愈加复杂，她们增强了自我意识，于是乎女性成了作家，想要一直去写小说，而在她们内心的最深处，依然存在着一种身为世间女人想要吐露其真情的欲望。"这样的评价，其实倒不如说是她对近代女性作家怀有的一种惋惜之情，她们不能从"女人心"的拟态中完全解放出来，仍旧不能写出"大致完整的自传性小说"。

与谢野晶子和生命的赞歌

　　日本的女性主义在相当大的程度上是以文学为母体而被提出来的，它深刻地反映了以上女性所面临的状况。站在女性主义前端的就是与谢野晶子。

　　毋庸赘言，与谢野晶子因《乱发》而一跃成为蜚声文坛的歌人（我们从其自选集《与谢野晶子诗歌集》中可以大致追寻其变化轨迹），后又凭借《请君勿死》等作品成为家喻户晓的诗人，大致在20世纪10年代以后，她成为当时活跃于评论界的一名具有代表性的评论家。从最早的《来自一隅》（1911）到《作为人及女人》（1916）、《心头杂草》（1919）、《行走在剧烈变动中》（1919）、《女人创造》（1920）等，这些自称为"感想文"的评论作品仅作为单行本刊发的就达15册。每一部作品均突出了女性的视角，笔力纵横驰骋，涉及女性问题、政治、社会、教育、生活问题等，给读者带来人生的指针。（鹿野政直、香内信子编《与

与谢野晶子（1878—1942）和丈夫与谢野宽（1873—1935）

谢野晶子评论集》中也收录了她主要的评论作品。）通过与谢野晶子的经历，我们可以看到当时女性主义者的发展路径，她们以文学为母体，进而迈进了评论领域。

为驳斥大町桂月对《请君勿死》一诗的批评（正确地说，应该是诽谤），晶子发表了《开信》（1904，收录于《与谢野晶子评论集》）一文，这篇文章充分展现了晶子作为一名作家所具有的觉悟。在文中，她描述了新桥站前目送士兵出征的情景，并斩钉截铁地说道："那里有真实的声音，这里也有真实的声音，我只不过是将真实的声音用诗歌表现出来。"而这大胆凸显"真实声音"之处，恰恰蕴含着她的评论的真正价值。

例如，在最早的评论集《来自一隅》（何等谨慎的标题啊）开头部分的《产房物语》一文中，她怀着强烈的生命意识叙述了女性的分娩。关于"分娩"一事，晶子在讲述时丝毫未用华丽的言辞加以修饰。她这样说道："妊娠之烦恼，分娩之痛苦，到底男人们是无法理解这些事的。""从很早以前，女性就扮演着这种倒霉的角色，她们承担着这种豁命的重担。但在那些经男人之手而创作出的经文、道德、国法中，女人却被视作罪孽深重之人，被当作卑贱羸弱之人。""每当快要分娩前、剧烈的阵痛袭来之时，实事求是地说那时的心情，无不憎恨男人。""世间的男人果真遭遇过比产妇所经历的这种舍命之事更大的事吗？"

在此以前，日本几乎没有出现过将分娩感受转换和提炼为思想的文字，而晶子的这篇评论恐怕是当时罕见的一篇将分娩经历上升到思想高度的作品。写下这一系列文章的晶子，在听到孩子诞生后发出的第一声时，甚至涌现出了"在无上的喜悦中身心都被融化"的感慨。这一堪称产褥思想的生命赞歌，形成了它的基调。因而，晶子要打破"因为生孩子所以才污秽，而参加战斗则会尊贵的偏颇的想法"，从而使女性成为"人"。与此同时，她将"不孕""无获""老化""形式""秩序""虚伪""军国"这些词语连接在一起，构成了与女性形象形成鲜明对照的男性形象，而这种男性形象暴露出男性无法孕育生命的贫乏之状。

> 如未除毛之象皮，
> 如未受精之卵，
> 如出娘胎后便早早显出老态的骆驼之子，

目之所及全然不出此三种神情。

他们是丰苇原瑞穗国一流的人。

［这首无题短诗收录于诗集《自夏至秋》(1914)］

平冢雷鸟与青鞜社

将与谢野晶子寄来的诗作《漫言》刊登在卷首的，是1911
年9月创办的《青鞜》杂志。(关于平冢雷鸟，可参考小林登美枝、
米田佐代子编的《平冢雷鸟评论集》；关于《青鞜》，可参考堀
场清子编的《"青鞜"女性解放论集》。)这是以平冢雷鸟为中心
的女性结社青鞜社的机关杂志。同与谢野的那首诗一起刊载于
创刊号的，还有雷鸟的《女性原本是太阳——青鞜发刊之际》，
这两首诗堪称日本女性解放的两大宣言。尽管每一首都广为流
传，但由于其具有的特殊意义，在此还是要引用其中的一小部分。
首先，在由12节组成的《漫言》一诗中，第一节是这样歌颂作
为主体的女性的：

山动之日将至。

我这样呐喊，却没人相信。

山只是暂时沉睡。

昔日，

山燃烧着光芒，跃动着火焰。

然而，你可以不信。

人呀，啊！只要相信这个，

所有沉睡的女性现在就要觉醒，就要行动。

在雷鸟那篇《女性原本是太阳》的诗中，开头的宣言用太阳和月亮这两种鲜明对照的形象，一针见血地指出女性地位的变化，可谓直击人心。从整个人类历史来看，女性承受着所有压向她们的沉重负担，当她们拒绝背负如此重荷时，万千思绪翻涌成"女性原本是太阳"的话语。

元始，女性确实是太阳。是真正的人。

如今，女性是月亮。依靠他人而生存，依靠他人的光芒而闪耀，是一个像病人一样露出苍白面孔的月亮。

如何才能夺回"被遮蔽的我们的太阳"呢？面对这个问题，雷鸟毅然决然地做了回答。那就是"发现潜藏着的天才哟"。所谓"真正的自由解放"就是要将"潜藏着的天才""充分地发挥伟大的潜在能力"，这是她给女性指明的方向。她所主张的并不是实现男女平等，而是成为"真正的人"的构想。后来，在20世纪70年代女性主义运动兴起后，日本诞生了被称作第一次女性主义的运动。

《青鞜》是一份为女性提供表达平台的"文学"杂志。它在那些势单力薄的同人杂志中引起了极大的反响。可以说，当时她们创办女性文学杂志的机会已经成熟。这个由日本女子大学

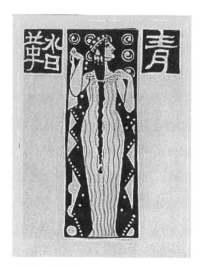

《青鞜》杂志创刊号封面（1911 年 9 月）

校五名毕业生发起的团体，吸引了全国各地的女性纷纷加入进
来。她们对冠以"新女性"的称呼充满了好奇，面对社会舆论对"新
女性"的攻击，她们各抒己见，予以强烈的反击。但是在这种
情况下，《青鞜》也转变了风格，并将社规改为"促进女子的觉
醒"。与此同时，言论界更是义不容辞地推出特辑，对女性问题
展开积极的讨论。

　　而《青鞜》在思想上也愈见成熟，这从雷鸟那篇《写给世
间的妇女们》（第 3 卷第 4 号，1913 年 4 月）的文章中就可以看
出来。她在文中痛击婚姻制度，并因此而导致杂志被禁止发售。
雷鸟对婚姻制度的看法可以从这篇文章中的几句话中窥见一斑：
"结婚对妇女而言是唯一绝对的生活之门户，只为妻、为母就是妇人全部的天职吗？我完全不相信这样的事。""没有爱却能结婚，为使自己的生活得到保障，终生服务于一个男人，白天做奴仆任其使唤，夜晚还得做卖淫妇承君欢颜，今天不知道有多少妻子肯接受这样的生活。""在今天的社会制度里，结婚难道不是意味着一辈子都在维持权力服从关系吗？"

雷鸟不仅在语言上进行抨击，还着手开创新的生活方式。她与奥村博（后改名为博史）展开的"共同生活"就没有遵照婚姻制度。在继雷鸟之后担任主编的伊藤野枝也提出了"打破习俗"，大概这四个字恰好概括了青鞜人不畏世俗、勇于追求自我的思想（《关于贞操的杂感》，第5卷第2号，1915年2月）。她们的思想不仅反映在论说中，也展现在《青鞜》所载的每一首诗中。这里引用两首。

　难道要做人云亦云的鹦鹉苟活于世吗？（青木秾子）
　欲悉数投托于你，尔后何处有我。（冈本鹿子）

对青鞜社成员而言，易卜生在《玩偶之家》中塑造的娜拉正是"新女性"的代名词，是她们产生共鸣的对象。她们一同去帝国剧场观看了由松井须磨子饰演娜拉的《玩偶之家》话剧，并在《青鞜》第2卷第1号（1912年1月）上策划了一个有关娜拉的特辑。除雷鸟外，特辑的撰稿人纷纷讲述了她们对娜拉的真切感受。自此以后，娜拉成为日本女性人生道路上的一个指明灯。比如，饰演娜拉的演员松井须磨子说："我认为，如果没有强烈的自我意识，是不能打破'玩偶之家'而重新建造'人世间之家'的。"（松井须磨子，《牡丹刷毛》，1914）又如，俳人杉田久女写道："替他补袜子，我连娜拉都不及，沦为教师妻。"（杉田久女，1922）

高群逸枝与新女性主义

　　高群逸枝曾对平冢雷鸟喊出："我是您的女儿。"这句话道出了高群将自己视为雷鸟精神继承人的心声。高群出生于熊本县，从女子学校毕业后，她在一所小学担任代课教师，并与同事桥本宪三结婚。后来，她到了东京，成为一名诗人，同时还活跃于评论界，站在无政府主义的立场否定"强权"。但同时，她又是一名主妇，也经历过夫妻之间的矛盾，甚至曾经一度离家出走。在她所写的《离家出走之诗》（收录于《东京患上了热病》，1925）中有这样的一句话："被平凡这个词所诅咒。"以下几句诗道出了她的婚姻观：

　　　　但是何谓结婚，

　　　　难道不是所有和被所有的别名吗？

　　　　难道不是拿绳子捆绑住自己的自由吗？

　　　　何况对女性而言。

　　在经历过这些人生阶段以后，高群出版了《恋爱创生》（1926）

一书。该书共有 584 页，并没有分章设节，完全是信笔而书，因而读者能从中深切地感受到她那从混沌的深处呼出的气息。在这本书中，高群提出了"新女性主义"的宣言。在她看来，世界上的"妇女问题"有：女权主义，女性主义，新女权主义，新女性主义，并认为现在正应该提倡新女性主义。

　　女权主义主要在英国和美国得到迅猛发展，主张排除所有的性别不平等。女性主义的中心阵地是斯堪的纳维亚，代表人物为爱伦·凯（Ellen Key），她们主张爱情是婚姻的基础，应给予女性选择和离婚的自由。新女权主义兴起于俄国，这一派受到马克思主义的影响，认为女性问题最终来看是经济问题。新女性主义与以上三派都不同，不仅提倡"恋爱自由"，还提出废除婚姻制度，同时她们在强调"教育自由"的基础上，主张废除教育制度，认为只有新女性主义才是"日本妇女对世界发出的第一个提倡"，这些观点构成了高群思想的核心。

　　她一直在极力追问：何谓最终的解放？她的新女性主义构想充分展现了她为追求最终解放而不懈努力的身影。因而在《恋爱创生》这本书中，高群批判了那些具有男性化倾向的文化，她认为，从柏拉图到马克思主义，几乎所有的恋爱论、婚姻论、女性论、教育论等都带有鲜明的男性化倾向特征。而这种认识也关系到她对近代以及代表近代的西欧的否定。当时日本的女性运动倾向于追求女性的近代或者西化，这是以实现解放为主轴的近代，即从封建压制中解放出女性。在这种情况下，高群却着眼于近代本身所具有的压制性，力图构筑不同于以往的两性关系图景。与此同时，她的志向也发生了微妙的变化，内心燃起对古代强烈的追慕之情，最终走向了古代史研究之路。

在走过岁月的风风雨雨之后，自 1931 年开始，高群接受桥本的建议，埋头于书斋，专心从事女性史研究。后来，平冢雷鸟和市川房枝等人还为她建立了后援会，历经 7 年的潜心研究，她终于完成了《大日本女性史》第 1 卷《母系制的研究》[1938，现在《母系制的研究》收录于《高群逸枝全集》（全 10 卷，理论社，1965—1967）和讲谈社文库]。在这本书中，高群论证了日本古代曾存在母系社会，这给视家父长制为日本固有美俗的家族道德观带来沉重的一击。这项工作也使高群成为日本女性史学的始祖。后来，她又考察了招婿婚到嫁娶婚的变化，出版了研究专著《招婿婚的研究》（1953），并相继撰写了以"性的商品化"为主题的通史《女性的历史》（全 4 册，1954—1958）。[关于高群逸枝的研究，我和堀场清子合著有《高群逸枝》（朝日新闻社，1977）。]

生的轨迹与论争

女性自己寻求新生的活法，使过去那些遮蔽在贞女风土之下的各种问题暴露了出来。女性主义者分别根据各自获得新生的经历提出了那些被遮蔽的问题，因而围绕处理问题的方法，她们展开了激烈的论争。这几个带有浓厚的身体性色彩的论争，构成了女性主义发展阶段的特征。

最初的论争主要以《青鞜》为舞台，有贞操论争、堕胎论争、公娼（废娼）论争。

当女性想要成为职业女性立身于社会时，她们会遭遇怎样的性别压迫，又必须要为此付出怎样的代价？围绕这些问题便产生了贞操论争。提出这些问题的是青鞜社成员生田花世。生田曾从事过各种工作，而职场的经历也促使她去思考女性面临的职场困境等问题。她这样说道：“在今天的日本社会，女性如何才能找到工作，维持独立的生计？”“现在日本的家族制度及社会制度如此困扰着女性。只要存在着那不允许女性拥有财产的法律，只要不允许女性从事职业，女性将永远处于‘吃饭和贞操’的战争中，或许某一天会有几百名女性首先提出吃饭优先于贞操的要求。”（《吃饭与贞操》，《反响》，第1卷第5号，1914年9月）

引发堕胎论争的女性也同样来自青鞜社，她就是原田皋月。她在小说《狱中女人写给男人的一封信》（《青鞜》，第5卷第6号，1915年6月）中，借主人公的口吻这样说道：“女人每个月都会流失许多卵细胞。只是受胎的话，还不能感受到胎儿的生命和人格……我从未听说过有人会因割断自己的一条胳膊而获罪。”她对那仅由女性（和医生）来承担堕胎罪的世俗观念提出了挑战。

当得知日本基督教妇人矫风会和廓清会都在使用“丑业妇”这个词后，伊藤野枝撰写了《关于日本妇人傲慢狭隘而又不彻底的公共事业》（《青鞜》，第5卷第11号，1915年12月）一文，予以猛烈的反击，由此而引发了公娼论争，并最终演变成一场深入分析公娼制度的论争。

　　贞操、堕胎、公娼这三个问题几乎都是被男性忽视的问题，而女性却敢于直面这些问题，并从女性特有的角度切入分析。她们一步步逼近了问题的核心——家父长制和性，从这一点上说，这些论争具有划时代的意义。

　　后来爆发的论争是母性保护论争。1918—1919 年，她们在女性教养杂志《妇人公论》和综合杂志《太阳》上，展开了一场激烈的论争。这场论争的导火索源于与谢野晶子的一个主张。与谢野认为，女性必须具备能够自食其力的"职业技能"，这是保证女性"人格独立和自由"的"首要基础"，她并不赞成欧美女性运动提出的"保护"处于妊娠、分娩期的女性的要求。针对与谢野的观点，平冢雷鸟进行了激烈的反驳，她质问道："母性保护的主张是依赖主义吗？"如果按照晶子所说的那样，没有经济能力的女性"应避免结婚及分娩"，那么"现代大多数的妇女一辈子都不可能会结婚、分娩，她们必然会放弃结婚和分娩的想法"。究竟是应该对母亲进行"保护"，还是应该要求女性"自立"？她们提出的这个问题也与现在的日本社会紧密关联。[关于论争的具体情况,可参照香内信子编《资料:母性保护论争》(DOMESU 出版，1984)。]

　　在那些固执于"我"，并根据自己的切身经历发酵出思想的女性主义者中，山川菊荣是一个极具个性的人，她虽然没有执着于"我"，却有自己一套独立的理论框架。毕业于女子英学塾（现在的津田塾大学）的山川菊荣以马克思主义为精神武器，构筑起以"无产妇女"为主轴的女性论，是日本无产妇女运动的理论指导者。她从马克思主义的立场出发，参与了废娼论争和母性保护论争，展现出了作为论客所具有的辩口利辞，但更令她锋芒毕露的则是工人工会妇女部设置论争。

1925 年，当无产团体要建立无产政党组织准备委员会时，山川撰写了《关于"妇女的特殊要求"》（原题"无产政党与妇女的要求"）一文，指出工会运动对女性问题的轻视观念仍根深蒂固，她对此状况进行了批判，并提出，应在无产政党有关女性条款的纲领中添加如下要求：废除户主制度，废除女性为无能力者的规定，规定男女和殖民地民族在工资制度方面享有平等权利，为女性设置保育室并确保保育时间，禁止以结婚、妊娠、分娩为由解雇女性，彻底废除公娼制度等。她的主张遭到了男性领导人的反对，但是山川反复指出"无产阶级女性从属于男性的事实"，强烈要求设置工会妇女部。[可参照铃木裕子编《山川菊荣评论集》和田中美寿子等编《山川菊荣集》全 10 卷＋别卷（岩波书店，1981—1982）。]

研究女性问题的丸冈秀子在《妇女思想形成史笔记》（上、下册，DOMESU 出版，1975—1982）中对近代的女性论争进行了考查，并通过分析这些论争，将近代日本女性思想的轨迹呈现在人们的面前。最早使用"妇选"一词的，是为获得女性参政权而努力奋斗的市川房枝。她的《市川房枝自传：战前篇》（新宿书房，1974）用真实的笔触向我们讲述了她的人生与奋斗历程。

写到这里，你也许会产生这样的疑问：把两名女性的自传放在这里是最合适的吗？但我还是想在此谈一下展现两名女性思想的自传。一个是民权家福田（景山）英子的《我的半生》(1904)，这部作品用朴实的语言讲述了女性先觉者饱经风霜而又波澜起伏、充满奋斗激情的半生。另一个则是无政府主义者金子文子的《是什么让我变成今天这样的》(1931)，作者文子因触犯大逆罪而被关押在监狱，这部狱中手记描写了她饱经生活辛酸的少女时代以及生活在朝鲜的日本人的生存现状，她还叙述了自己思想形成的过程，并将其称之为"真实的生活事实之告白"。

第 13 章

反战论与和平论

《日本和平论大系》

在近代日本，对外战争几乎已经常态化。从维新开始的 1868 年到第二次世界大战日本投降的 1945 年，在这前后大约 78 年的时间里，发布宣战诏书的战争有四场：中日甲午战争、日俄战争、第一次世界大战、"大东亚战争"。此外，以"出兵"和"事变"为名出动军队及与他国交战的分别有：台湾出兵（被称作问罪、征伐、讨伐事件）、江华岛事件、壬午事变、甲申事变、北清事变（八国联军侵华战争）、西伯利亚出兵、两次出兵山东和上海事变、"满洲事变"（九一八事变）、"支那事变"（卢沟桥事变）等。

当时日本正处于帝国主义全盛时期，然而，这些战争却与国家的荣耀密切相关，被赋予特定的价值。近代的日本面临着一系列问题：经济力量的薄弱、资源的匮乏、国土的狭小——

人们期待用武力的手段一举扭转所有的不利因素。军人与军部是武力的直接施展者，他们保持着宪法上规定的特权地位，并在政治上挥舞着强大的权力，甚至在相当程度上得到了国民的支持。而教育又使这些价值意识渗透到国民的观念中，进一步实现了价值意识的巩固。

"强国"被日本国民视作奋斗的目标，人们高声宣扬战争的正义化，在这种背景下，反战论与和平论处于一种困难的局面。从法规上和当局审查方面来看，这些言论无疑会成为取缔的对象。但情况不仅仅如此，当同胞正在流血的时候，却有人发表反战论与和平论，这被视作一种利敌行为，他们也必然会成为被迫害的对象。在走向举国一致的道路时，有形无形的强大压力笼罩着这个国家，而一再倡导反战与和平，近乎是一种将自己逼向异端的行为。

反战论与和平论的"水脉"有多深呢？《日本和平论大系》（全20卷，日本图书中心，1993—1994）或许能给我们提供答案，这项由家永三郎负责编纂的工作正是挖掘反战论与和平论"水脉"的集大成之作。

这套丛书将近世的平等主义者安藤昌益置于首位，涉及了植木枝盛、中江兆民、北村透谷等民权运动家。不仅有幸德秋水、安部矶雄、木下尚江、石川三四郎等与早期社会主义相关的人，也有提出公害和人权问题的田中正造。既有内村鉴三、柏木义圆、河井道、矢内原忠雄、政池仁、浅见仙作、森下二郎和灯台社的人等基督徒，也有佛教思想家妹尾义郎。更有吉野作造、石桥湛山、尾崎行雄、美浓部达吉这样的民本主义者与自由主义者。甚至有水野广德和松下芳男这些旧军人。有无产阶级文学家越中谷利一、黑岛传治和川柳[1]作家鹤彬，其中，越中谷和黑岛的作品被收进令人印象深刻的"反军国主义小说集"《对于战争的战争》中。也有评论家桐生悠悠和清泽洌、哲学家朝永三十郎、法学家横田喜三郎、政治学家南原繁。还有世界语学者长谷川照子，逃避征兵的北御门二郎，投降士兵山内武夫，在美国或是逃往美国从事反战活动的冈繁树、芳贺武、八岛太郎和八岛光（子）。此外还包括在三笠战舰上掀起叛乱的海军士兵。（这里的分类方法只是为了便于阅读，比如，吉野作造既可以放入政治学家中，也可以放入评论家中。）

反战论与和平论的倡导者各有千秋，他们的主张形式也多姿多彩：既有以学说和论说的形式发表的文章，也有文艺作品、演说和讲演、讽刺文和旧歌填新词、发行内部杂志和写日记、不拿枪的行动、不接受征兵检查的决心、逃亡和向日本士兵宣传反战等。与此同时，他们的主张在内容构成上也可谓方圆殊趣，或是揭露战争的阶级性，或是站在绝对不抵抗主义的立场，或是倾向于反军思想，或是强调人类之爱等。

但是，当我们通览这套选集时，也许会说，被军国主义种色调涂抹殆尽的日本——军国主义的气焰竟如此嚣张，但是我们也清楚地知道，反战论与和平论在源源不断地流动，即便

1　一种轻松诙谐的诗歌形式，内容多为调侃社会现象。——译者注

遭到思想的压制，这条水脉也没有断裂。前文已谈到了几个人。这里将在前面的延长线上，以亚洲太平洋战争时期为中心，选取石桥湛山、矢内原忠雄、桐生悠悠和正木昊的反战论与和平论来进行探讨。（1931 年至 1945 年发生的那三场被称作"满洲事变""支那事变""大东亚战争"的战争，在战后被叫作"满洲事变"、日中战争、太平洋战争。后来，哲学家鹤见俊辅提出了应将这些战争看作一个战争，并以这样的视角来提倡使用"十五年战争"的称呼，而国际政治史领域的柳泽英二郎、加藤正男和历史学家木坂顺一郎、江口圭一等人则认为，"太平洋战争"这个称呼遗漏了亚洲，他们将日美开战以后的战争统称为"亚洲太平洋战争"，这一称呼一直沿用到今天。所谓的太平洋战争构成了第二次世界大战的一环。）

石桥湛山与"满蒙"问题

前文已经提到，以《东洋经济新报》为阵地的石桥湛山是"大日本主义"的批判者。湛山关于"满洲事变"的看法，从《满蒙问题解决的根本方针是什么》（1931，收录于《石桥湛山评论集》）一文中便可窥见一斑。

面对中国正在进行着的建设统一国家运动，日本产生了危机感（借用诺曼在《现代史》中的话，便是"中国的进步实际上正是日本的噩梦"），称要从根本上解决满蒙问题，就要割据中国东北部。石桥对这场为图谋侵占东北而发动的战争明确表

1920 年任《东洋经济新报》主编
时期的石桥湛山

示反对。为何反对？他这样说道："支那政府和国民一定不赞
同。""就像不管施以怎样的善政，日本国民绝不同意日本国民
以外的人统治他们一样，支那国民亦存在同样的感情，我们对
此必须认可。然而我国谈论满蒙问题的人在面对支那人时，往往
想要否定以上感情的存在……这难道不是过于缺乏自我反省的态
度吗？""总而言之，我国民从根本上解决满蒙问题的第一重要
条件，是要明确地认识到以上所述的支那建设统一国家的要求。"

　　这篇文章贯穿了石桥所持的一种视角，即他要促使日本人
认识到中国国民的主体性，并对日本国家主义的自以为是提出
警告。后来，中国文学研究家竹内好注意到了石桥的这种中国观，
称"发现了我们石桥"，他在反思中这样叙述道："在读《石桥

湛山全集》以前，我曾产生过疑问，难道没有一个日本人能够理解同时代的中国的民族主义吗？"（《石桥湛山全集》第8卷《月报》，东洋经济新报社，1971）石桥在对中国的国民主体性表示理解的同时，也对蹂躏中国的国民感情，甚至与世界为敌发动战争的日本提出了警告。

石桥还对士兵的死亡表示了悼念之情。在田中义一领导的政友会内阁第二次出兵山东之际，他写下一篇题为"悼念战死者——出兵并非唇齿之戏，国民要求撤兵"（1928）的文章，抒发了自己的感怀：

> 我们死伤的士兵已达二百余名……至于战死的士兵，无论如何哭泣嘶喊，他们的生命不会复活……在此次战死者中，也有被父母和妻子视作唯一依靠和支柱的人吧。他的死大概相当于一家人的死吧。当记者想到会发生这种事时，就想否定所有的战争。

然而，民政党面对士兵的死活问题却采取暧昧的态度，于是，他指责道："帮助杀人，其罪与政府等同。"

从中日战争到太平洋战争，随着战争的不断扩大，石桥的和平论也逐渐表现出妥协退让的姿态。不过，他还是指出了日本的"自我认识"欠缺"对他者的认识"，并对政府特别是军部的秘密主义进行了批判，他认为政府"有必要相信国民，向国民讲述真相"，否定了所谓的竹枪战争观等。由此来看，石桥并没有停止批判性的言论活动，他甚至还提出了探讨"战后对策"的必要性。

自由主义评论家、外交史学家清泽洌，也被称作石桥的盟友。他充分认识到现代史材料具有的价值，并根据这些材料断断续续地写出了一部"战争日记"（1942—1945）。日记中始终贯穿着强烈的批判时局的精神，展现了清泽对国际形势的认识，也彰显了他的骨气。（清泽去世后，这部日记在战后以"暗黑日记"为题出版，有东洋经济新报社版、评论社版、岩波文库版。）

矢内原忠雄与"国家的理想"

矢内原忠雄之所以被人熟知，也许是因为他是所谓的矢内原事件的主人公。1937 年 12 月，在东京帝国大学经济学部任职的矢内原因发表批判军部战争政策的言论而遭到非难，被迫辞掉教授职位，这就是矢内原事件。20 世纪 30 年代的日本正处于大学教师或原大学教师因思想和学说问题而被迫辞职的时期。1928 年，马克思主义者、京都帝国大学经济学部教授河上肇被迫辞去教授一职。随后，1933 年，京都帝国大学法学部教授泷川幸辰因其提出的宪法学说被当局认定为马克思主义学说而遭到攻击并被罢免。1935 年，贵族院议员（东京帝国大学名誉教授）美浓部达吉也因其宪法学说而被免职。1939 年，东京帝国大学经济学部教授河合荣治郎因站在自由主义的立场上批判法西斯主义而被停职。1940 年，早稻田大学文学部教授津田左右吉因

其古代史观"大逆不道"、对皇室不敬而不得不辞职。而矢内
原被迫辞职的直接原因则是，他的中日战争观成为当局责难的
标靶。

　　他的两种言论遭到当局的非难。一是，卢沟桥事变爆发后，
矢内原即刻发表了《国家的理想》（《中央公论》，1937 年 9 月号）。
他在文中完全没有使用"日本""支那"这样的词，而是用极为
抽象的方式，借预言者以赛亚之口论述了所谓国家的理想乃是
"正义"，并从这个视角出发，激烈地批判日本对中国发动的战争。
他这样说道：

　　　　所谓正义，是指人们在主张自己尊严的同时也能拥护他
　　者的尊严，换言之，在不侵害他者尊严的范围内主张自己的
　　尊严，这种正义才是人类形成社会集团的根本原理……具体
　　而言，面对来自强者的侵害压迫，进行防卫并守护弱者的权
　　利，这就是正义的内容。

　　矢内原认为，"正义是一种为国家奠定基础而又超越于国家
的客观精神"，"国家并不能规定正义，而应由正义来指导国家"。
若是"一边制造敌对的理由，一边谴责敌方，为巩固自己国家
的主权，而意图削弱他国主权"的话，那么，"所谓的国家将只
是一种与正义之名不符的动物性、物质性的自然存在而已"。（画
线部分原被涂去，用空字符表示，以下同。）"正义原则体现出
来的形态就是和平。如同自己存在于世界一样，也要使他人存

在于这个世界，或是像不侵害他人的存在一样来确立自己的存在，这就是正义原则，既然如此，调整自他关系的具体政策就只能是和平。"对矢内原而言，这显然是自明之理。

在这篇文章中，矢内原利用国家高呼的正义顺势反击，并对国家宣扬的爱国和忠诚提出了自己的质疑：何谓真正的忠诚？他这样说："真正热爱国家、忠诚于国家的人，不会迎合当前那些肤浅的政策，他们必是热爱国家的理想，忠诚于理想。""那被粉饰成清一色的举国一致反而妨碍国家理想的探究和实现。"

另一个则是矢内原于 1937 年 10 月 1 日在基督徒藤井武逝世七周年纪念会上发表的《神之国》讲演（发表于他创办的个人杂志《通信》，第 47 号，1937 年 10 月）。在演说中，矢内原提起了第一次世界大战时欧美的基督教教会视敌国为恶魔、祈求自己国家胜利的事，他批判这种行为丧失了真正的精神，并转而指出现今日本的基督教不对战争进行批评却反而支持战争的现象。他尖锐地指责这些人正在丧失自己的价值。不过，站在这种绝对和平主义立场上的矢内原并不支持中国国民的抵抗，与此同时，"面向日本国民也有话要说"，他呼吁，当务之急"汝等应立即停止战争"。最后，他以犀利而尖锐的言辞结束了这场讲演，他这样说道："今天，在虚伪的世道里，我们如此热爱的日本国家的理想，或许已被失去理想的日本所埋葬……诸位如果能明白我讲话的内容，那么，为了实现日本的理想，请首先把这个国家埋葬掉。"最后的这句话是矢内原被迫辞职的根本原因。

　　矢内原的这种和平论，是他青年时期以来思想积淀到一定
程度后喷涌而出的主张。一方面是因为深受内村鉴三的感化而
形成了基督徒应有的信念。当我们在看近代日本的和平思想时，
令人印象深刻的是，很多时候内村鉴三和托尔斯泰成为那些和
平论者的精神支柱，而矢内原也是内村的一名使徒，内村身上
所具有的那种强烈的独立心和非妥协性等精神使他受到了深刻
的影响。另一方面则是因为他怀着坚定的信念从事殖民政策的
研究。继他的老师新渡户稻造之后，他成为新一代殖民政策讲
座的负责人（战败后，该讲座变为国际经济论讲座），并撰写了《殖
民及殖民政策》（1926）、《帝国主义下的台湾》（1929）等专著。
据说大学毕业时，他的愿望是"想要去朝鲜修复日本人和朝鲜
人之间的隔阂"。他虽不是殖民地否定论者，却是殖民问题的研
究者，他"衷心期望"那些"被压迫者能实现解放，沉沦者能
奋起向上，尔后自由独立的人能实现和平的团结"（《殖民及殖
民政策》）。从这个意义上说，信仰和学问是矢内原和平论的重
要支柱。

　　矢内原因他发表的和平论而失去了教职，此后，他发行了
收费杂志《嘉信》，以取代之前个人发行的非卖品杂志《通信》，
尽管常常遭到警视厅的干涉，但他还是以《嘉信》为阵地，发
表自己的意见和看法。岩波茂雄曾向矢内原伸出援手。他委托
矢内原翻译了中国东北人的苏格兰朋友——拥有精湛医术的基
督徒司督阁（Dugald Christie）的回忆录《奉天三十年》（*Thirty
Years in Moukden*，1883-1913/1914），1938 年创刊的岩波新书

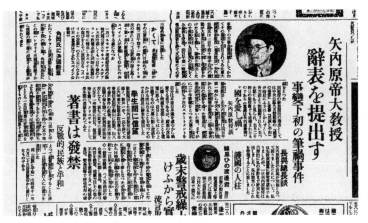

矢内原忠雄辞去教职（《东京朝日新闻》，1937 年 12 月 2 日）

出版了矢内原的这部译作《奉天三十年》（上、下册）。［矢内原的著作收录于南原繁等监修的《矢内原忠雄全集》全 29 卷（岩波书店，1963—1965）。］

桐生悠悠与《他山之石》

　　桐生悠悠和正木昊分别以他们创办的个人杂志《他山之石》和《来自近处》为据点，在那黑暗的低谷时期展开了各自的战争批判论。

　　桐生悠悠原名政次，是一位具有反抗精神的知名记者。1912 年，明治天皇病逝后发生了乃木希典夫妇殉死事件，当时担任《信浓每日新闻》主笔的桐生发表了一篇题为"打破陋习论——乃木将军的殉死"的文章，引发了社会的议论。他曾担任过《新爱知》的主笔，后又被《信浓每日新闻》聘回。1933 年，他写的一篇题为"嗤笑关东防空大演习"的文章，批评刚开始举办的防空演习是一场"对实战毫无用处"的"傀儡秀"。他的言论令军部感到极其不满，在军部主导下，在乡军人掀起了不买《信浓每日新闻》的运动。为此桐生不得不辞职，并在名古屋创办了个人杂志《他山之石》。自 1934 年 6 月到桐生去世前的 1941 年 9 月，包括临时增刊号在内，该杂志共刊行了 177 册（最初他的个人杂志命名为"名古屋读书会第一回报告"）。这份杂志之所以取名为"他山之石"，其实是根据桐生提出的将欧美思想用作他山之石的宗旨而来的，因此，该杂志致力于向读者介绍海外的思潮。每一期的发行，都是在与当局勒令删除和禁止发售做斗争。[这里所引用的是《日本和平论大系》第 9 卷《桐生悠悠》以及太田雅夫对该书做的解说。此外，该书还有不二出版发行的重印版（1987）。]

　　在每一期的《他山之石》上，桐生都使出了浑身之力与战时体制进行对决，他发表的文章丰富多彩，就和平论来看，大致有以下四个特征。

　　第一，他对军部的批判尤为显著。从上述批评防空演习的文章中可以看到他的批判态度，又如在 1936 年二二六事件发生时，他对此事件的批判也极为猛烈。在《将皇军转变为私兵而失去国民同情的军部》（第 3 年第 5 号，1936 年 3 月）一文中，桐生这样说："军部——即使是一部分人，他们自身最大的罪恶、最令人憎恶的国家行为，是他们毫不忌惮将那日渐引起愤怒的皇军转变为私兵。"

第二，他深刻地揭露了因战争而获益的阶层和贫困的穷人之间的分化。他模仿仁德天皇的和歌，也作了一首这样的和歌："登高楼远眺，烟雾滚滚，军需工业一派繁荣。下低地环视，烟断火绝，百姓灶台冒着寒气。"（第6年第4号，1939年2月）这首和歌鲜明地反映了他对战争的批判意识。

第三，在每一天极其有限的言论允许的范围内，他常常会巧妙地利用体制的宣传口号顺势反击。比如，所谓"八纮一宇"，按字面意思是指四海同胞的博爱主义，桐生认为"八纮一宇"中"并无东洋、西洋之区分，也无人种之差别"，于是在此基础上展开了他自己的理论，"若要分东西两洋，八纮一宇将变为四纮二宇"（《世界大日本精神》，第5年第24号，1938年12月）。这种表述多半是他真实的想法，不过他也经常引用五条誓文和《教育敕语》、帝国宪法发布时的"告文"等，并利用这些官方文本来批判现状。

第四，他所采用的手法是，使日本在照向世界这面镜子时，能正视自己的实际面貌。他严厉批评被过分宣传的"日本精神"并不通用于世界，不过是"用于国内消费"的一种东西罢了，并认为，若要谋求"用于国外消费"，"必须要与其他国家的精神实现共存。断不能排外"。他所使用的手法可以从这种批判日本自以为是的言论中窥探一斑（《国内消费用的日本精神》，第6年第10号，1939年5月）。与此同时，他也想向国民传达世界的看法。对于所谓的"不以国民政府为对手"的近卫声明，他以委托《信浓每日新闻》进行报道的方式，详细地介绍了中方对近卫声明的反应，告诉日本国民那场战争对中国而言是"自卫的战争"，并报道了美国太平洋协会的多数人预测中国会在战争中获胜的消息，甚至还公开了毛泽东关于战争走向的看法。

通过浏览《他山之石》，我们现在才能更深刻地感受到当时的日本正一步步迈入失败的境地。因而，这份杂志才会遭遇被国家停刊的命运，桐生在知晓自己死期将近时，被迫决定停刊。在去世之前的数日，历经殊死搏斗的桐生给友人、读者写下了停刊的谢词，最后他这样说道："小生反而欣喜地迎来了自己将要从这日益堕入超畜生道的地球表面消失的日子，小生唯一感到极为遗憾的是，我将因早早离世而无法看到军队在战后迎来一番大整肃的光景，这是我一直期盼的事。"

正木昊与《来自近处》

正木昊（原名昊）是一位富有经验的著名人权派律师。[关于他的评传有家永三郎著的《正木昊》（三省堂，1981，现收录于《家永三郎集》第5卷，岩波书店，1998）。]在中日战争爆发前三个月的1937年4月，他开始发行自己的个人杂志《来自近处》。在"《来自近处》发刊词"中，他这样写道："当看到公共的利益因私欲和恬不知耻而遭到践踏时，我难以忍受愤怒之情，我觉得心脏的血压正加倍地升高。"面对如此恶劣的环境，他胸中的郁愤难以抑制，最终喷薄而出，这至少为他创办杂志提供了一个契机。杂志名称来自卡莱尔说过的一句话："去尽那些离你最近的义务。"该杂志原则上以月刊形式发行，一直持续到日本战败投降，战后也曾断断续续地出版，最终在刊印完1949年10月第11卷第2号后才停刊，前后共发行了98册。[弘文堂版的《来自近处》（1964）选编了杂志的部分文章，旺文社文库版的《来自近处》全5册（1979）收录了正木的所有文章。这里所引用的是后者。]

当我们从反战论与和平论的角度来看这份杂志时，会发现其实在最初创刊时，反战与和平的色彩并不鲜明。比如，他屡次批判蒋介石，甚至还刊登了《汉口沦陷纪念号》这样的文章。诚如文库版的解说者古贺正义所指出的，当1939年正木结束了在中国为期一个月的旅行后，杂志的批判性才有了迅速提升。他认识到必须要重新思考"为了亲善的战争"这一固定观念。

此后，正木的笔锋突然变得尖锐而犀利，因而他遭受的压制也愈加强烈，但这反而激起了他的斗志。与桐生尤以军部为主要批评标靶稍显不同，他则侧重于对战时体制如何奴役国民大加笔伐。当时，文部大臣荒木贞夫强行要求国民实行"国民生活纲要"，该纲要由七条组成，分别是：励行早起；报恩感谢；大和协力；勤劳奉公；严守时间；节约积蓄；锻炼身心（当时的为政者喜欢采用四字汉字的形式）。正木对这份纲要加以"注释"，文字极尽辛辣讽刺。比如，关于"大和协力"，他说道："忍受不合道理之事，佯装不知而盲从。"又如，关于"锻炼身心"，他批评道："令人忍受不愉快、不自由的生活，往往是在麻痹人的身心。"在正木看来，当局的这些政策使国民变得日益卑屈顺从，他对此无法忍受，于是才会有那样尖锐的批判。

诚如前述，桐生悠悠的批判文章中也采用了不少这样巧妙利用官方口号予以反击的手法。正木在言论自由受到极端压制的情况下，就像一名战场上的狙击手一样，向当局展开了猛烈的攻击。

把手和脚……

当局也紧追着那些发表反战论与和平论的人。1938年，年仅30岁的川柳作家鹤彬死在狱中，他也是反战战线上的一位有名的"狙击手"。最后我们用他的一首川柳来结束本章：

> 杀谋生之人，以勋章蒙骗，
>
> 身处战壕中，读卖妹之信，
>
> 快产防弹啊！快快增产啊！快快立功啊！
>
> 那高粱丛中，满是坦克和靴钉，
>
> 削去手与足，圆木回故乡。
>
> （《日本和平论大系》第5卷，此外还有一叩人编的《鹤彬全集》，松明社，1977）

第 14 章

日记、自传、随想与书简

论说与感想录

以上所谈论的主要是那些以论说的形式公开发表的文章，并以这些名副其实的文章为对象，纵观了近代日本思想。当然，也有一些言论为了不被当局发现而采用了不公开发表的"秘本"形式，还有一些言论是为特定的人所写的"献言"。虽然这些言论的作者自己关闭了公开发表的门径，或是限定了其发表的途径，但这些都与他们各自所处的社会条件因素以及言论的性质紧密关联，他们在这样的条件下著书立说，因而也充分展现了论述者想要表达自己思想的热切愿望。

然而，即便只是那些以文字形式呈现出来（包括口述的笔记）的作品，它们思想表达的形式却并未停留在所谓的论说上。尤为引人注目的是，近代日本人表达思想的形式已扩展至日记、自传、随想、书信等可以吐露自己感想的领域。反过来说，当我们从整体上来看人们的思想表达时，就会发现，所谓的论说其实非常少，在那辽阔的表达世界的海洋中，那些论说仿佛是散落其中的一些小岛。

不过，什么是论说、什么不是论说，其实未必有明确的划分。更不用说，原本人们在写作时并不会事先根据分类来写，而是将写下的作品汇集在一起后才形成了分类。进一步而言，比起构建一种理论体系，日本的论说多倾向于随感，读者也对这样的作品感到亲切。中江兆民的《一年有半》无疑是一部思想类的作品，但它其实是作者围绕每天零碎的主题而展开思索后形成的结晶。西田几多郎的哲学也是如此，他在《善的研究》之后所写的作品也给人一种仿佛是在读感想录似的印象。哲学家户坂润意识到生命和逻辑在相当程度上会融合并逐步形成文化土壤，而他想要构筑的是一个逻辑独立的世界。即便是这样的户坂，他那风趣而辛辣的文明评论看起来则更显生动。

尽管论说和其他类型的思想表达方式之间的边界并不清晰，但在二者之间仍可大致画出一条线。前者不仅各具强烈的个性，而且是以具有普遍性的主张为主轴来进行论述的。与此相对，后者则是个体式的表达，带有私人性。前者所具有的普遍性甚至能吸收或舍弃私人和个体，而后者则是以私人和个体为中心，从而编织出普遍性。我认为，很多时候，这样的表达形式会与那些短诗型文学作品产生重叠，这可以说是列岛上的人所具有的一种文化特色，体现了列岛文化的丰富多彩。而今天众所周知的高识字率也是形成这种文化特色的一个条件。

日记的习惯

　　唐纳德·基恩（Donald Keene）所著的正、续篇《百代之过客：从日记来看日本人》（各上、下两册，朝日新闻社，1984—1988）堪称一部日本人论。这部作品通过解读历史上日本人所写的日记，探究了日记文学所具有的独特性和丰富性。在续篇下卷的"后记"中，基恩抒发了他的感慨："我想世界上没有哪一国国民会像日本人那样写日记。"他梳理了平安时代以来一千年的日记历史，追溯了日本"私小说"的传统，并探寻了发现异文化的足迹。

　　在探讨前近代日记的正篇下卷的"后记"中，基恩叙述了自己从事日记文学研究的动机，其中一个动机便是由于学界"没有关于日本人日记整体的研究"。不过，也恰好自那时开始，以往在文字表达领域处于支流的日记逐渐引起了人们的关注。学界曾计划出版大部头的《从日记、记录来看日本历史丛书》全52卷（1979— ），不过该计划后来被中止。近年来，一些关于日记的特辑纷纷出现在人们的视野里，比如，《月刊朝日》1993年1、2月号并号，《国文学》1993年2月号，《历史读本》1994年4月号特别增刊（事典系列第21号），《早稻田文学》1995年4月号，《书之窗》1996年1月号，《国文学》1996年2月号等，由此而形成了一股日记文学热。与此同时，也兴起了翻印日记的风潮。这些现象或许反映出人们的一种意识，那就是在既有的框架出现动摇或解体的过程中，人们力图从私人和个体的角度来重新解读历史。

日记文学的发展也促使具有深厚文化底蕴的日记文化浮现于人们的视野。从有志于写作以及鉴于实际工作需要而开始写日记的平安贵族，到近世末期村落中写日记的权势阶层、知识阶层，那些数十年间保持写日记习惯的人并不罕见。即使进入近代，这种习惯不仅一直持续着，而且写日记的群体（尽管多数人并没有长期坚持下去）甚至有了进一步的扩展。其中，有因意识到日记是思想表达的一个领域而记录日记的文人，有想通过日记为后世留下证言的政治家，也有像博文馆那样以刊行日记来赢利的商业化行为，还有引导学生养成写日记习惯的教育机构。写日记的人各色各样，日记的用途也千差万别。甚至还会有士兵写日记，这一事实令年轻的情报军官唐纳德·基恩感到震惊。他在书中记录了这样一件有趣的逸闻，美国的军队由于担心情报会被敌人拿到，于是禁止军人写日记，其实本来美军士兵几乎也没有人写日记，与此形成鲜明对照的是，日本军队会在新年给士兵发日记本，命令他们写日记，上司还会从日记里查看他们是否真正发扬了军人精神。

从日记来看 8 月 15 日的表情

要从那浩如烟海的日记中抽出几个例子，是非常困难的一件事，于是我在此果断地选择两篇写于第二次世界大战日本投降日——1945 年 8 月 15 日——的日记，以此来窥探近代日本人在日记中所展现的思想。一例是高见顺的日记。他在战争时期也写日记，不过那时的日记几乎像一种著述，而这位作家在 8 月 15 日留下的记录，若换算成每页 400 字的稿纸，约有 17 页。以下我们摘抄的是其中的一部分内容：

八月十五日

警报。

听新闻报道说，中午会广播重要的发言。天皇陛下将要亲自发表讲话。

这样的事是第一次。未曾有过之事。

"什么事？"

据说明天要发表终止战争的讲话，天皇陛下会因为这事而亲自向国民讲话吗？

还是——或者相反。敌机来袭很异常。也许不会休战吧……

妻子说："如果天皇陛下在那里说诸位与朕一同赴死的话，大家都会去死吧。"我也是这样认为的。

直到最后关头才发表讲话，为何不早点讲话呢？我心里这样想着。

……

十二点，报时。

奏响《君之代》。

天皇朗读诏书。

战争还是终结了。

奏响《君之代》。接着内阁发布谕告。发表经过。

——最终还是败了。战败了。

夏日的太阳似火球般在熊熊燃烧。光线刺痛了我的眼睛。

烈日之下获悉战败。

高见决定离开位于镰仓的住所，前往东京去察看实际情况。

宪兵从新桥的站台上走了出来。也有人在检票口站着。但是民众的气氛极为平稳。很平静。没有看到任何充满愤激之情的人。

……

不论走到哪里，卖报纸的地方都排着长长的队伍。那些队伍本身显示出某种激愤的情绪，但却没有一个人表现出激愤的言行。众人都沉默着。士兵和将校也默默地去买报纸。

高见回家后看了报纸。

回家后看了报纸。我要把今天的报纸保存起来。

啊！八月十五日！

（《高见顺日记》第 5 卷，劲草书房，1965）

女性史学家高群逸枝与她的丈夫桥本宪三写有"共同日记"，

8月15日这天，他们只在日记本上画了"○"，没有记录任何事情。直到次日，才写下这样的感受。

　　星期四　晴　终战
　　昨天中午聆听战争终结之大诏。诚惶诚恐，通过广播，听到了天皇自己的决断。不胜惶恐。啊！战争经历了三年八个月，人们踊跃地奔入战争，但却无天时地利。现在恭听了大诏的宗旨，心中深深地感到悲痛，只想哭泣。只想跪在那里哭泣。夜已深，夜已冷，却只想哭泣。早上也只想哭泣。眼泪无法停止。深沉而又悲痛的眼泪。无泪的眼泪。无色的眼泪。这意味着某种痛苦吧。我们尚不知如何用言语表达。而只是感到痛苦。整天都感到痛苦。神赐予了我们这樽苦酒。我们只能哭着饮下，听凭时间的流逝。

在他们的"共同日记"里，连续五年都在8月15日这一天画上了"○"。

作为自画像的自传

日记原则上是在记录自己每一天的行动和思索，而自传则是在总结自己过往的人生，是用文字描绘出一幅自画像。"自传"一词（过去多被称为"自叙传"）蕴含了两层意味，它可以是功成名就之人的回想录，甚至也可以是灵魂的忏悔录，可以说，几乎所有的自传都是根据二者的不同比例进行调和后的产物。无论哪一种，本身难免会带有戏剧化的色彩，而这一点正是自传的趣味所在。从欧洲文化史的脉络来看，自传始于希腊、罗马时代，并由此而形成了庞大的忏悔流派。而在日本，诞生于近世的自传具有划时代的意义。我曾与佐伯彰一共同编纂了近代日本人的自传选集《日本人的自传》全25卷（包括2卷别卷，平凡社，1980—1982），其中，佐伯在近世篇别卷I的"解说"中，将山鹿素行的《配所残笔》、新井白石的《折焚柴记》、松平定信的《宇下人言》（《宇下人言·修行录》）看作武士自传的三组作品，并从中探寻出他们撰写自传的背景，这些穿过战国时代烟尘的人身上展现出了强烈的个性，并驱使他们书写下自己的历史（别卷II是《日本人的自传300选》）。

近代自传的发展是以那些近世的自传作品为前提的，这使近代迎来了方兴未艾的自传文化时代。在近代那一部部自传作品中，每个人都以其特有的面孔来主张自己的思想，他们随着自己的个性吐露心声，无论是谁都已超出了"正统"的范畴。他们的讲述方式蕴含着无穷的多样性，义无反顾型和彷徨型呈并立之势。与此同时，这些自传的作者们也展现出了他们历经人生沉浮和深深思索之后的结晶，这与他们的职业、身份、贫富、人生的成功与否并无关系。

近年来，从自传又发展出一门自我史的新领域。提倡者为历史学家色川大吉。他在撰写《某种昭和史》（中央公论社，1975）之际，提出即便是历史学家都并非处在超越的立场上，他带着这样的信念开始"尝试我自己的个人史"写作，并在"后记"中呼吁人们"以排除'主观'的名义，书写出能把自己塞进历史背景之中的自我史"，他还将这本书的副标题设为"自我史的尝试"。因此，他鼓励"将自己相对化，从而发现自己以外活着的他者和世界"。可以说，色川力图要从个人史到全体史的展望中重构具有强烈自我完结性的自传。他的这一提倡，使那些或苦恼于异化或寻求活着的证明或探寻自我经历与历史接触点的人们产生了共鸣，并由此而扩大了同感之圆，更使自我史在自我表达的分野中获得了一个确切的位置。

《福泽谕吉自传》与河上肇的《自叙传》

在日本人所写的自传作品中，福泽谕吉的《福泽谕吉自传》（1899）和河上肇的《自叙传》（1947—1948）几乎被公认为是其中的两大杰作，我也是如此认为的。就作品而言，二者具有完全相反的特征。这并不只是因为福泽是近代日本资本主义的推进者，河上是否定资本主义的马克思主义者。上面提到，书写者的生活态度反映在自传中，有义无反顾型和彷徨型两种，福泽就属于前者，虽说他放达不羁，处理任何事情都游刃有余，但他会坚定不移地一条路走到底，而与此相对，河上则反复徘徊于国家主义者、人道主义者、马克思主义者的路途中，他是一名思想上的"旅客"。这也造成前者在叙述和总结自己的人生时能采用大胆而明快的语气，而后者却带有一种充满苦涩意味的求道色彩。当后者从监狱中被释放出来后，他自称是"闭户闲人"，却仍笔耕不辍，这些经历显然给他的自传投下一抹阴影。藤田省三曾指出，二人的区别在于他们有无"笑容"（《一个马克思主义学者——河上肇》，收录于思想科学研究会编的《改订增补、共同研究、转向》上，平凡社，1978）。

《福泽谕吉自传》是福泽谕吉根据自己的口述笔记而精心雕琢、细心修改后完成的作品。在福泽以前，日本并不存在这样能直爽坦率地肯定自我、进而讲述自己人生的人。而他的讲述声中充溢着身为近代化推进者的自负。与此同时，我们也不得不认识到，他的身上有一种举重若轻的气度，他对包括自己在内的各种状况都能一笑了之，也正是因为具有这样的精神，他才会成为思想上的变革者。在阅读福泽的自传时，有一节内容尤为令人心潮澎湃，他将自己从习俗的奴役中解放出来，并展现出自己价值意识的转换。那是在他十二三岁时发生的一段有名的逸事。

　　在我那幼小的心灵中暗自想道：若像哥哥所说的那样，踩了写着老爷名字的废纸就有罪过，那么践踏写着神佛名字的神符将会怎样呢？于是我便在背人之处把神符乱踩了一阵，可是并没有怎么样。"啊！没什么了不得的！这可真有意思，那么我再把它拿到厕所去踩踩。"想到这里，我进而跑到厕所又踩了一阵。踩的时候，我的确有点害怕，担心有没有什么报应，可是以后什么也没有。于是，就像自己发明了什么似的在心里说："你瞧！还是我想得对。哥哥竟多事，本来用不着发脾气讲那一套。"

……

如果说这一转变是福泽谕吉的思想原点的话，那么，河上肇的思想原点就像第 8 章"民本主义与教养主义"中所提到的，是在他学习故乡防长 [1] 的志士吉田松阴强烈的经世致用精神后逐渐形成的，也是他因此而变成一个感同身受的人之后确立的（因而《自叙传》中频繁出现词语"感动"和"憎恶"）。当时的河上是东京帝国大学的一名学生，在聆听完妇女矿毒救济会的演说后，他深受感动，他的举动充分表现出了自己难以抑制的激动心情。

> 我也被完全感动了。在演说会的途中，从听众中传过来募集义捐金的小竹笼……我当时因为没有带钱，虽然不是出于本意，但还是将竹笼传给旁人了。演说会结束后，在快走出会场时，我将自己穿着的两层外套和外褂、围巾都交给了女工作人员。次日起床时，除了贴身穿的衣服外，我将所有的衣服整理到一起，放进行李箱中，并叫来人力车夫，将其送到了救济会的事务所。

他接着这样写道：

1　日本旧时的周防国和长门国的合称。——译者注

当时的我被《圣经》中"有求你的，就给他；有向你借贷的，不可推辞"这句富有含义的话感染，当听到矿毒地区受灾村民的惨状后，我丝毫没有犹豫，我坚信那是理所应当的行为，于是平静地做出了那些事。

随想这一体裁

随想是生活在这个列岛上的人们喜欢用的一种思索和表达形式。比起构建一个宏大的观念体系，他们（然后与我们连接在一起）更倾向于去认识那些相互折射的人生、自然和社会，他们让三者相互呼应，任思索徜徉于笔下，由此而创作出不计其数的短文。这些以《枕草子》《徒然草》为代表的随想或随笔作品，构成了文学与思想中的一个分野。后来，由蒙田所确立的随笔体裁在英国及美国逐渐盛行起来，并在近代日本传播开来，今天，随想和随笔也几乎被视作同义词。

若粗浅地说，在我的印象中，随想在日本历史上有两次兴盛期。一次是在近世，另一次则是在20世纪20年代。这仅是我自己的看法。

就如以《日本随笔大成》全41册（吉川弘文馆，1927—1931）为代表的几种随笔丛书中所展现的，近世是随想文化兴盛的时代。这个时期涌现出大量题为随笔、漫笔、漫录、茶话、闲谈、杂谈、杂录、杂记等的"遣怀之作"。我们从中可以看到，近世的人对自然和社会的观察之深刻、信息传播之广泛、识字率之高等情况。在这样的背景下，人们萌生出了探求知识的欲望和尝试，而封建制度的束缚又使得许多即兴随笔聊以遣怀的"好事者"辈出。当不得不将那快要溢出的能量紧紧收于心底时，随想便成为人们用于表达旺盛思想的一种方式。

在近世，随想的盛行就像是一颗颗曾被阻挡着的探索之心的发酵，与此相反，20 世纪 20 年代流行的随想热，其实是日益抬头的新中间阶层由于其对知识的好奇心而产生的一种消费文化。这一现象产生的前提，是由于受到了 20 世纪 10 年代以来教养主义的影响。那些被教养主义培育出的人，想要寻求一种不被过去论说框架所局限的思想表达，同时他们也在探求一种表达形式，即能够在繁忙的瞬间恢复自己，并能满足自己的好奇心和批判心，还能提供新的话题。1923 年 1 月，菊池宽创办了随笔杂志《文艺春秋》，这份杂志的创刊符合人们对于表达的诉求，它诞生了一种新的文化现象。芥川龙之介的《侏儒的话》就连载于该杂志的卷首。

当随想进而剥落其肉身，发展为带有批判性意味的作品时，便成为零碎的感想和警句。在近代思想史上，从不缺乏这样的警句。

寺田寅彦与中谷宇吉郎

谈到随笔，我们不禁会想到两位以随笔名手著称的科学家——寺田寅彦和中谷宇吉郎。他们都是物理学家，因此物理

寺田寅彦（1878—1935）

学家所具有的思索方式、观察视角、批判性也构成了他们随笔
的特色。

　　地震学家寺田寅彦有一篇以地震为出发点的随笔《流言蜚
语》（1924，小宫丰隆编的《寺田寅彦随笔集》全 5 册中并没有
收录这篇随笔）。在关东大地震发生时，那些到处散播的"流言
蜚语"致使朝鲜人遭到屠杀，这些事情在寺田的脑海中仍然记
忆犹新，于是他在随笔中对人们散布"流言蜚语"的心理进行
了猛烈的批判。

　　　　在大地震、大火灾发生的紧要关头，却散布出这样的流
　　言：暴徒群起，向东京的水井中投毒，并向一些重要的建筑
　　物投掷炸弹。这个时候，假如大多数市民试想一下如下的情

况会怎样呢？

假设向东京市的水井中投放一成的毒药，那么，一旦有一个人喝了井水，要想杀死那个人，或是使他吃到苦头，得混入足够浓度的毒药。这时究竟需要多大分量的毒药呢……只要根据所谓科学知识来进行大致粗略的推算，就能够想象得到需要多大的分量吧。不管怎样，暴徒应该在地震前就必须要想到应准备足够多的毒药……

假设他们做了充足的准备，那么接下来的行动也非常困难。要一一部署几百名或几千名暴徒，交给他们毒药，还得把他们派往各个地方。这是极其花费时间的工作。那么假设这项工作能完成。于是，这些人都得背上那些分配而来的瓶罐出门，必须寻找并前往自己负责的水井所在地。找到水井后，还必须瞅准没人注意的瞬间，将毒药全部投下去。但是，为了能发挥出药效，必须要大致估算井中的水量，然后相应地调整投入的药量。而且，在投放毒药后，还必须进行搅拌，以使毒药溶解并和井水混合为一体……

寺田随后指出："在人们面临问题时，适当的科学常识能给予我们'科学地反省的机会和充裕的时间'。而进行这样的反省必然能显著削弱所谓流言蜚语的热度和传播能力。"他深深地感到，人们被"流言蜚语"轻易摆布而去屠杀朝鲜人的事件"使文化市民极其耻辱的一面暴露无遗"。因而，他直言道："若在某种情况下，东京市内出现了某种流言蜚语的现象，那么，市民自身至少要承担一半的责任。"

　　将寺田寅彦尊为师长的中谷宇吉郎则以研究雪而出名。对出生于石川县的他而言，雪是一种与他有着极深渊源的自然现象。到北海道大学赴任后，他便开启了雪的研究之路。他观察雪晶，并进而研制人造雪。借中谷的话来说，原本是"基于地方特色而进行的研究"，最终却变为"有用的研究"（太田文平，《中谷宇吉郎的生涯》，学生社，1977）。

　　《雪》是中谷的一部随笔杰作。（1938年，《雪》作为岩波新书刊行，现在有岩波文库版。）在这本书中，他从铃木牧之的《北越雪谱》开始写起，并说雪国的生活是那些居住在"暖国"的人所无法想象的，提起雪，生活在都市的人们很容易联想到休闲活动中的滑雪，但中谷却向他们叙述了"里日本"（日本本州岛面向海侧的部分）遭受雪害时的惊骇情景。以下是其中的一部分：

　　　　这是我今年（昭和13年）在越后的一个农村偶然目睹到的事情。那时我们在村公所，当地小学的校长碰巧也来到这里。他报告说，学校房顶的雪还没有铲下来，这样下去会越来越危险，于是便开始和村公所的人商议。村公所的人说，他们当然已经没有钱了。但是校长恳请说，由于大雪的重压，学校的房子正吱吱作响，不能对此置之不理，而且孩子们的生命是不可取代的，最后终于商定由村公所支出一回铲雪的费用八百余日元。

　　……

　　如前所述，（前面内容是说，最初是要从房顶开始铲雪，但不久铲下的雪却比房顶还高，于是不得不将其挪走——作者注）因为要把一个个房顶上铲下的雪运往比房顶还高的地方，如果第一回铲雪需要一百日元费用的话，第二回则会更多，第三回当然会比第二回还多。如此下决心要守护那"不可被取代的人命"，但那从贫困的财政中支出的八百余日元，则刚够第三回铲雪时的费用。

　　中谷在这本书中努力地寻求人们的理解——为了克服这些恶劣的条件，雪的研究是不可欠缺的。我们也可以从中读出另一层意味，那就是他提出了"里日本"的问题。但是，当他作为科学家深入到研究中时，他被结晶的绚美及微妙所倾倒。这本书堪称科学家和文人两种灵魂的结晶，他在结尾这样写道：

　　可以说，雪的结晶是苍天送给我们的书信。而信中的语句便是通过结晶的形态及模样这样的暗号书写出的。可以说，解读这些暗号的工作就是要进行人造雪的研究。

断想与警句

　　当提到断想时，我的脑海里立刻会浮现出《漱石全集》（全28卷＋别卷，岩波书店，1993—1999）中的"断片"，这个"断

片”卷收录了夏目漱石种种零碎的感想（其中一部分收录在三
好行雄编的《漱石文明论集》中）。那是一些原记录在他的记事
本和笔记本上的感想，却是我们了解夏目漱石人生观、社会观、
文明观、二十世纪观、日本人观、人间观的重要线索，他在短
小精悍的词句之中，吐露出自己对人生、社会、文明、日本人
等的感怀。以下引用的数段内容来自他在 1906 年所写的关于“假
面”的感想。

> 人从早到晚都戴着假面。只有在吃饭的时候才会摘下假
> 面。并不是因为想摘，而是因为要是不摘掉的话就不能吃饭。
> 吃饭比戴着假面更为重要。

> 也有人即便不摘假面也能吃饭，他们始终戴着假面。华
> 族、富人皆是如此。因此，华族和富人的脸上究竟是戴着假
> 面，还是那本来就是他们的面孔。

> 没有受过教育的人每天必定会摘掉几次假面。穷人每天
> 也会多次摘掉假面。当捡到一枚硬币后，人们立刻会摘掉假面。

> 恋爱是容易剥落的假面。

> 忠君爱国是一具便利的假面。
> 耶稣的假面被恶魔所覆盖。这就是英国人。

孔子的假面被盗跖所盗去。这就是支那人。

最为肤浅的假面之例，兴办慈善事业的贵妇人等排在第一。她们本人或许真具有慈善的心灵。实际上除了虚荣没有任何意义。

诚如前述，田中正造在多方奔走解决矿毒问题的过程中，逐渐形成了自己的思想，而他思想的核心多是以断想的形式记录下来的。

芥川龙之介和荻原朔太郎则在警句方面显示出他们特有的才华。这里所引用的《战争中的政府与民众》的一部分内容来自朔太郎的随笔集《虚妄的正义》（1929）。

复仇和正义是纯粹的感情，但这却驱使民众参与了战争。恰如我们个人之间面对侮辱会涌起决斗的意志一样，民众会将敌国人格化，将战争伦理化。

但战争的主导者——官僚和政府、军阀、资本家——的观念属于不同的类型。对他们而言，战争完全是带着算计去发动的。比如，由于怀有占领他国领土的野心、金融上的关系、人口移民的必要、转嫁内乱危机、危险思想的影响、政府当局的便利和虚荣心以及其他各种各样的事情带来的利益和损失的合算，决定了他们"走向战争的意志"。而除了这样功利的算计形成的投机外，甚至在他们看来，战争并没有任何伦理意义。何谓正义？何谓复仇？原本这些充满感伤的话语只是一种煽动朴实民众去参战的目的，因而要通过大鼓来进行热烈的宣传。

……

因此，在战争终结前，民众间会长久地燃烧着某种愚蠢的兴奋——指敌忾之心——所残余的火花，然而，煽动者们却完全若无其事。当游戏刚好结束时，他们仿佛共同战斗的同伴一样，相互堆满笑容，开始了下一次新的算计，他们欢呼雀跃地接近敌人，开始从心底展现出友好的姿态。

……

书信的思想表达

书信同日记和断想一样，是一种具有私密性质的表达形式，或是一种传达意志的方法，不，书信有时甚至比二者更具有浓厚的私人色彩。当人们反过来灵活运用这一特征时，书信往往也会成为思想表达的重要手段。在思想家和文人的著作集中，尽管多数时候并不十分完整，但大多设有书信集之卷，读者可以从中了解到他们的心声和写作的动机。在我所了解的范围内，已出版的全集中收录书信数目最多的是《斋藤茂吉全集》，达9356封书信。而收录5020封书信的《田中正造全集》可能位居第二。茂吉的书信数量之所以那么多，与他担任《阿罗罗木》杂志的总编有关。而从正造来看，写信（多为明信片）本身就是他所从事的运动的一部分。

当想到书信对个人思想生涯所具有的重要意义时，我们不禁会在脑海中浮现出内村鉴三和南方熊楠。

如前所述，内村在写给贝尔的书信中，坦率地谈到了自己的信仰和使命。以下所引的两段话都展现了他的精神态度。

第 14 封信　1893 年 3 月 29 日

有人说：那种美式的坦率并不通行于东洋日本。但是，在我自己的生活中，我是无论如何都不能将自己信奉的基督教放在"是那样，是那样，不，不"之后的。

第 27 封信　1895 年 5 月 22 日

与支那的纷争终于结束了……"义战"近乎是一种掠夺战，而那倡导"正义"的预言者此刻仍活在耻辱中。

在内村与贝尔交往的 40 年间，内村写给贝尔的书信竟达到 185 封（前述《内村鉴三的生涯》）。

在大部分人的著作集中，书信篇仅被放在附录的位置，而南方熊楠的著作集却与之不同。在他的著述中，书信的位置尤为突出。在平凡社出版的 12 卷全集(包括 10 卷本卷和 2 卷别卷)中，书信部分实际上就占据了 4 卷。此外，还有笠井清编纂的《南方熊楠书简抄——写给宫武省三》（吉川弘文馆，1988），这也使我们认识到书信在南方思想中具有重要的意义。

　　这里所谈的是随想、日记、自传（自传本身也是通过书信的形式来书写的），若要扩展到他的非战论类的文章，那么，南方的特色则更加显著。除了他自己和全集的编者命名的"闲谈""随笔"卷外，《十二支考》中的《杂志论考》I—III、《英文论考》等"论考"不过只占据 5 卷。不仅是全集，《南方熊楠日记》全 4 卷（长谷川兴藏校订，八坂书房，1987—1989）也出版问世了。在南方的学术著作中，从表达形态来看，非论说类的作品比重胜过论说类。

　　这可能与他作为一个民间学者拥有有限的发表机会有关，也与他的研究领域并没有完全获得公民权（思想、言论自由）有关，不过我想这更与他自身的意志息息相关。他常常直言不讳地评价道：学界的论文有什么，归根结底不过是现学现卖罢了。由此可以看出，他的这种自负心态驱使他故意去更多地运用那被视作非学术性的表达形态。

　　对南方而言，在他吐露学问观并与各种学说对决时，书信几乎是无法取代的阵地。在第 9 章"民俗思想"中已谈到了"Folk-Lore"（民俗）的产生，那么，该词的创造者在创造这个词时填入了怎样的含义？而与此相对照的日语为何不用"民间传承"，而要用"俚传（学）"？我们可以从南方写给宫武省三的书信(1929 年 8 月 23 日)中看到他关于这些问题的思考和论述。南方的意气飞扬以及对那些问题刨根究底的精神，使我们联想到这位研究者在孤独中一步步增强了自己的战斗性。

　　事已至此，汤姆斯以其通晓世俗人情的性情，对所有通俗浅显的词进行调查研究，并从中避开了"-logy"、"-graphy"这些具有古典色彩的词语，而选用了旧俗语中最具代表性的"Folk"[虽然与"People"具有同样的意味，但并没有"人民"这种死板的含义，而是相当于一帮一伙的人、一群人、一族人（是指那些同伙、同族之人）这样浅显的词。"People"是指居住在某个地区的民众团体，因此（除朝鲜、暹罗、缅甸等诸民外）不说"People"，而常常用"Folk"。这并不是指国民、人民（民众团体），而是指一帮人、一族人、一帮家伙等，并没有像"People"那样指涉广泛的人]，由此而创造出"Folk-Lore"这个词。即除去那些严肃的学者、精通掌故的人等，它是指下层、平庸、平凡之人。"Lore"也没有到达学问的程度，不过是一些心得之传（与此相对的"Leechcraft"被译为医术，实际上只是治疗心得）。将其翻译成"民间传承"并不妥当，既然有"俚"这个与"Folk"相对应的宝贵的字，还是译作"俚传"比较好。可是，"Folk-Lore"既可称为心得之传，也可称作这方面的研究，是一个可以两用的词，那么作为学问的"Folk-Lore"也可以称之为俚传学。

结语

从战中到战后

投降与言论的泛滥

1945 年 8 月 15 日日本的投降和紧接着的占领，完全改变了思想的景观。那些鼓吹战争、煽惑人心以使战意昂扬的各色言论被取而代之，民主主义、和平、文化等词语开始泛滥。（1937 年，文部省向日本全国的学校分发了《国体之本义》，而到 1948—1949 年，文部省又发行了高中学校用的国定教科书《民主主义》上下两册。）

这种急速的变身反而暴露出日本人一贯对权威与权力所怀有的顺从性、迎合性、乘便性，即反映出一种不变性。与此同时，当时的言论、思想状况也就因上述理由而无法被民主主义的言论覆盖，这也是事实。

美国东部的马里兰大学有一个被称作戈登·威廉·普兰奇文库（Gordon William Prange Collection）的典藏。该文库收集了日本被占领后美军负责审查的机构要求提交的出版物（报纸、杂志、书籍）和校订稿。当时，普兰奇担任盟军最高统帅总司令部（GHQ）参谋部二部（通称 G-2，负责谍报、安保、审查）历史部的主任（后任部长），在审查机构解散后，他向其工作的马里兰大学提出建议，强烈地希望学校能收藏这些出版物，于是，后来便有了这个文库。

　　该文库收藏的报纸约有 16,500 种，杂志约有 13,000 种，图书和小册子约达到 45,000 部，从数目来看已着实令人惊叹。[弗兰克·约瑟夫·舒尔曼，《普兰奇文库展望》（奥泉荣三郎、吾妻洋子译，收录于奥泉荣三郎编《占领军检阅杂志目录与简介——昭和 20 年—昭和 24 年》，雄松堂书店，1982）。] 其中，绝大多数是地方发行的定期或不定期刊物，如 PTA[1]、妇女会、地方团体创办的刊物和学校报纸等。这些收藏的资料显示出盟军尤为关注当时的思想统治和诱导，以及对舆论的把握，同时我们也可从中窥探出当时日本的言论活动是何等活跃。有不少刊物甚至是用草纸刻印出的，尽管人们忍受着饥饿，还面临纸张的匮乏问题，但却对言论自由的恢复投以满腔热情，即便是用草纸，也要不尽地诉说他们想要表达的欲望。大日本帝国崩塌后，他们感到言论的压制总算解除了。他们使用了许多拿来的词语，并使战后的日本社会呈现出言论泛滥的现象。目之所及，

1　Parent-Teacher Association 的缩写，日本各学校由监护人和教职员工组成的社会教育团体。——译者注

这些言论承载了人们对新时代的摸索。

言论界也迎来了转换和复兴，他们一边与草根的言论状况形成鲜明的呼应，一边也想要领导战后的言论活动。那些战时被迫合刊或停刊的报纸杂志终于重新复刊，与此同时，一些引领新思潮的报纸杂志也相继创刊。此外，伴随着各种运动的兴起，还陆续出现了许多机关报刊。在这些浩如烟海的言论中，有一部分作品则在反复体味战时经历的过程中探讨如何建设战后。在这里，我将聚焦于这一点，列举数篇讨论主体形成的作品。

丸山真男和《极端国家主义的逻辑与心理》

首先，以戏剧性的方式登场的是丸山真男。他在《世界》第 5 号（1946 年 5 月）上发表了一篇题为"极端国家主义的逻辑与心理"的论文，这篇文章从精神结构上阐释了日本和日本人所陷入的精神境地。论文一经问世，便给当时的言论界带来深刻的冲击。

国法只要是从具有绝对价值的"国体"中演变出来的，那么即可将自身的妥当性建立在内容的正当性上，由此便可以毫无阻碍地渗透到任何一个精神领域。

因为缺乏那种自由的主体意识，于各自的良心中又不制约自己的行动，只听任上一级（即距绝对价值更近的领导）

丸山真男（1914—1996），摄于 1949 年

的摆布，便出现了这种现象：独裁观念难以形成，取而代之的是靠转嫁压抑来保持精神上的平衡。

这一句又一句话，像被海绵吸收的水一样，一点点渗透进读者的心灵。在文章的开头部分，他指出，极端国家主义的意识"犹如一张无形的网，牢牢地套在我们民众的头上，至今人们仍未完全从这种禁锢中解放出来"。这一观察大有见地。他使人们深刻认识到，极端国家主义不仅是高高耸立着的"逻辑"，还作为一种"心理"，渗透进人们的身心。[后来丸山将这篇论文中所使用的假名全部替换成新假名，并分为五节，收录在《现代政治的思想与行动》上卷（未来社，1956）及增补本（上下合本，1964）中，该论文后来也被收录到《丸山真男集》第3卷（岩波书店，1995）。]

　　无论对丸山真男而言，还是对《世界》杂志而言，《极端国家主义的逻辑和心理》都是一部具有划时代意义的作品。丸山后来发表的《日本政治思想史研究》（东京大学出版会，1952）其实是一些刊登在专业期刊上的论文经过整理后而形成的一部著作。他早已被称作政治学界的佼佼者，但由于这篇论文的发表，他更被视为一名意见领袖。

　　根据岩波书店创始人岩波茂雄的提议，为肩负起"新日本的文化建设"的使命（岩波茂雄，《〈世界〉创刊之际》，创刊号），1946年1月，岩波书店创办了一份综合杂志，这就是《世界》，并由吉野源三郎担任总编。吉野毕业于东京帝国大学哲学科，在军国风潮高涨的时期，他曾与作家山本有三一起策划并出版了《日本少国民文库》16卷（新潮社，1935—1937），旨在向孩童传授自由而丰富的文化知识。其中有一册是吉野撰写的小说《你想活出怎样的人生》（1937），主人公是一名叫作"小哥白尼"的少年，小说展现了少年对日常生活的观察，以及逐渐认识各种事物的过程。之后，吉野进入岩波书店工作，并参与了岩波新书的拟定。尽管吉野是《世界》杂志的主导者，但在创刊初期，这本杂志还主要是上一代教养主义者、自由主义者发表见解的舞台。而丸山的这篇论文却使该杂志出现了新的转变，从此作者群中很少会再看到那些旧自由主义者的身影。

竹内好和《中国的近代与日本的近代》

　　中国文学研究者、评论家竹内好同丸山真男一样，也是一名在战后拥有巨大影响力的人物，但他又与丸山不同，他几乎是从与丸山相反的角度来追问近代日本的。他在战后发表的作品中，最令人印象深刻的是那篇题为"中国的近代与日本的近代——以鲁迅为线索"的文章。该文其实是在演讲内容的基础上完成的，是为东京大学东洋文化研究所编的《东洋文化讲座》第 3 卷《东洋社会伦理的特征》（白日书院，1948）而写的。

　　在这篇文章中，竹内提出了东洋近代化的特质并非在于追赶欧洲，而是在于对其进行抵抗的观点。他这样说："不管欧洲怎样理解这些状况，东洋的抵抗乃持续不断。通过抵抗，东洋实现了自己的近代化。抵抗的历史便是近代化的历史，不经过抵抗的近代化之路是不存在的。"当然那就成为失败的历史。但是他认为，通过不断地抵抗，人们"在失败感中自觉到了失败"也是极为重要的。"这里的抵抗是二重的，即对于失败的抵抗，与对不承认失败或者忘却失败的抵抗。"

　　如果说这是东洋对待妄图称霸的欧洲的一种方式（实际上，东洋这一观念也是由于抵抗西洋而产生的），那么，从没有进行抵抗这一点来看，日本可以说并不具有东洋的特征，竹内对日本文化的状况做了如下论述：

　　　　在欧洲，当观念与现实不调和（矛盾）的时候（这种矛盾是必然要发生的），便会发生一种倾向——在试图超越这一矛盾的方向上，也就是通过张力场的发展求得调和。于是，观念本身亦将发展。可是在日本，当观念与现实不调和（这种不调和因为不是产生于运动，故不具有矛盾性）时，便舍弃从前的原理去寻找别的原理以做调整……越忠实于所谓学问、所谓文学，便越热衷于舍旧求新……并被认知为是一种进步。

　　竹内在文中痛斥"日本文化在结构上是一种优等生文化"。这篇文章充满了他对包括"进步派"在内的日本文化的绝望和愤怒。

　　正如"以鲁迅为线索"的副标题所显示的，竹内的这种思考方法是在探究鲁迅并为其思想倾倒的过程中逐渐形成的。在应征入伍前完成的《鲁迅》（日本评论社，1944）一书是他最早的著作，这本书已基本形成了他后来在《中国的近代与日本的近代》一文中所展现的逻辑结构的原型。其中，有一段是这样论述鲁迅的："鲁迅所看到的是黑暗。但他却以满腔热情来看待黑暗。并且绝望。对他来说，只有绝望才是真实的。但不久绝望也不真实了。绝望也是虚妄。'绝望之为虚妄，正与希望相同'。""他没有安于绝望。而是绝望于绝望。"竹内正是从这一点出发来凝视投降后的日本的。[可参照《竹内好评论集》全3卷（筑摩书房，1966）、《竹内好全集》全17卷（筑摩书房，1980—1982）。]

伊丹万作与《战争责任者的问题》

　　当盟军主导的制度改革正在如火如荼地进行中时，无论是丸山真男还是竹内好，他们都提出了各自的疑问：改革始终就这样急速进行下去吗？不，改革的迅速推行本身不就反映出既往的思想性质所具有的不变性吗？与此同时，也有人提出一种看法，即如何从内部消除日本过去那被涂染而成的"帝国"色彩。从这个意义上说，在描述日本未来的溢美之词不绝于耳的情况下，他们却特意执着于过去。对他们而言，不问过去便没有未来。

　　那时，他们最记忆犹新的过去，是那场被称作"大东亚战争"的战争。所有的人都背负着过去——他们是如何参与战争的。于是，一方面，盟军开始对战争领导人和支持战争犯罪的人进行逮捕、审判及褫除公职。另一方面，日本国内也兴起了追究战争责任的运动。在这个问题上，伊丹万作的短论《战争责任者的问题》（1946）起到了投石激浪的作用。

　　伊丹万作是一位著名的电影导演、剧作家，他曾制作出许多荒诞类型的电影，并创作了《无法松的一生》的剧本。同时他也写下了许多富有批判精神的随笔。他从很早以前就因健康问题而不得不卧病在床，但在战争末期，他还写了一篇题为"望中止战争"的文章。而他之所以写《战争责任者的问题》这篇文章，其直接动机源于一个叫作自由电影人集团的组织发起了追究电影圈内战争责任者的运动，并在主要倡导人名单中加入了从未创作过战争电影的伊丹的名字，伊丹对此表示不满，于是撰文表示抗议。这篇文章句句灼心，其中有一处可谓穿透人心。大致内容摘录如下：

"多数人认为自己是被这场战争所欺骗的。大家众口一词说是被欺骗了。"但是，"被欺骗者之罪，并不单单存在于被欺骗的事实中，能那样不费吹灰之力地被欺骗，一切在于自己丧失了批判力，失去了思考能力，丢失了信念，如畜生般盲从，全体国民在文化上的无力、无自觉、无反省、无责任等都是罪恶的本来面目"。"国民既然能满不在乎地说出'被欺骗'这样的话，那么今后恐怕还会多次遭受欺骗吧。不，现在一定已经开始被另一种谎言所欺骗了。"（志贺直哉等监修《伊丹万作全集》第 1卷，筑摩书房，1961）

花田清辉与"一笔平天下"的气概

评论家花田清辉也对这个问题做了辛辣的评论，他在讨论这个问题时，所针对的是那些站在欺骗者一侧的知识分子的处境。他这样说道："究竟应该用怎样的名字称呼你？我完全不知道。当战争中被称作海德的人，在战败后失踪，然后又以杰基尔博士之名重新出场，可见事态已极为明了……但是，你的情况却更为复杂……反战论者杰基尔博士大势夸耀自己的卓见，而战犯海德则忙于自我批判。""问题是你身体中的杰基尔和海德并没有展开激烈的斗争。杰基尔博士哟，你要是制作战犯名单的话，要把海德的名字排在第一位。那时，你会切身体会到，努力不做伪善者，是多么辛苦的事啊。"（《杰基尔与海德》，1946，最初发表时没有题目。）

花田进而将笔锋指向战争的领导人。"旁观者不能摆出一副了不起的姿态吗？难道没有资格给你们这样的战犯判罪吗？""事先说明，旁观者在战争中决不能被视作旁观者。坚持旁观的态度是极其危险的举动……我并不是自夸。还有什么值得自夸的呢？这几乎是所有日本民众的命运……民众身处旁观者的位置。因此，你们还能这样不断地叱责民众没有自觉吗？""他们如此聪明地发动战争，看不到我们这些旁观者。我们已经与法西斯主义无缘了……那些仍旧嚷嚷着说我们与'领导人'一样是无力的、隔岸观火的人，还处于战后的虚脱状态中，这些话都是愚蠢的话。"（《旁观者的抗议》，1946，最初发表时没有题目。）

花田敢于承认自己是"旁观者"，他创造出一种特别的文体，那活泼的修辞手法常常被他灵活运用其中，霞明玉映。他单枪匹马、以笔为武器来对抗战时体制。随着中日战争陷入长期化，当时的日本社会相继冒出了许多堆砌着东洋联邦、东亚协同体、亚洲民族共同体等华丽辞藻的"规模宏大的大陆建设论"，而花田却用朝鲜处于日本"长期建设"之下却面临贫困问题来进行反驳，并将那些言论的虚妄性曝光在阳光底下。他这样说道："为何诸君没有凝视着朝鲜的现实呢？为何不仅在语言上，而且在行动上，诸君也没有想要真正地实现内鲜一体化？如果真能实现的话，诸君就没有必要进行各种冥思苦想，只要说一句'看

朝鲜的现实吧'就已足够。"(《民族政策的理想与现实——以"内鲜一体化"问题为中心》，1938)

利用所讨论问题的重心来讽刺对手，是花田常常使用的手法，他的这一手法有时也会针对右翼思想家。《虚实混杂》(1943)这篇文章便是如此。在文中，花田借《南总里见八犬传》，将他们视作"犬士"，面对那"一剑平天下"的口号，他展现出了自己以"一笔平天下"的风姿。因为这样的缘故，他遭遇了袭击，不仅被群殴，甚至被拘留。[他在《刀端的绝望》(1944，收录于粉川哲夫编《花田清辉评论集》)一文中诙谐地讲述了他的觉悟)。]

1947年，他出版了评论集《错乱的逻辑》(真善美社)，该书收录了《杰基尔与海德》《旁观者的抗议》等文章。在前一年他还刊行了评论集《复兴期的精神》(我观社，1946)，他的这些作品在转换时期的思想界大放异彩。

夺回话语

如何防止自己被欺骗呢？与伊丹万作的立场不同，年轻的鹤见俊辅将这个问题视作语言的问题并提了出来。这便是他寄给《思想的科学》创刊号(1946年5月)的文章《关于语言的护身符式的使用方法》。《思想的科学》是由武谷三男、武田清子、都留重人、鹤见和子、鹤见俊辅、丸山真男、渡边慧七人创办的一份关于思想运动的杂志，该杂志旗帜鲜明地提出"人人的哲学"这一口号。这份杂志持续刊行了半个世纪,最终在1996年发行完5月号后停刊。鹤见曾留学哈佛大学,专攻哲学,在战时的美国,他曾一度被怀疑为无政府主义者而遭到逮捕,后乘坐俘虏交换船回国。在他那部具有自传色彩的著作《期待与回想》(上下册,晶文社,1997)中,他讲述了自己的思想形成和创办《思想的科学》的经过。

在《关于语言的护身符式的使用方法》一文中,鹤见将自己的意图清楚地展现在以下这段内容里:

> 所谓语言的护身符式的使用方法,是指人们为了拥护自己的社会、政治立场,特意为自己及其行径冠上那些由所在社会当权者认定为具有正统性和与之相关的语言……如果一般大众具有能充分而具体地把握言论意义的习惯,煽动者无论为其邪恶的行径(与大众的利益相反)冠上怎样正统的语言,都不会被它所迷惑,并能看穿其邪恶的行径。

毋庸赘言,鹤见所说的正是他所看到的那些战前、战时泛滥的"国体"话语和战后肆意狂舞的"民主"话语。他认为,这些都是"护身的话语"。鹤见也从中看到了一种连续性,即"民主"话语的泛滥,并没有促进"民主"化的发展,它是从被"国体"话语驯服的思想体质中产生出来的。

如何才能从这种鹦鹉学舌的护身符式的语言中摆脱出来,从而表达自己的思想?对于这个问题,作为思索者、组织者的鹤见和子开辟了一条道路。她在哥伦比亚大学研究生院专攻哲学期间，正逢日美开战，后来她乘坐日美交换船归国，战后与弟弟俊辅一同创办了《思想的科学》。在占领下的民主化进程中，她逐渐萌生了一种异样的感觉，当把这种感觉与在美国社会所体验到的"草根民主主义"融合后，她迈向了记录生活的运动中。

> 我们女性，以前在田间、工厂、家中劳动。今天也仍在继续劳动。尽管如此，我们却不能自立，现在也不能完全一个人行走。男性和女性一同工作，有时女性所从事的工作甚至更为艰辛，而且无论是在家庭还是在职场，女性的处境都比男性更为糟糕，这究竟是为什么？

鹤见提出了上述疑问，她注意到"'妇女解放'的口号在某些关键之处存在漏洞"。"这种漏洞不仅存在于女性所处的社会结构中，也存在于女性自身的主体性方面。"（《生活记录以前》，1949，收录于《在生活记录运动中》，未来社，1963。以下同。）而她发起的记录生活的运动就是要改变这种状况，通过使主体扎根于表达这一行为，从而改变女性的处境。

生活记录运动不是由知识分子而是由女性发动的。这场运动是根据这样一种构想兴起的：使那些在"思想"上遭受双重异化的人转化为新型的思想主体。在鹤见和子看来，正因为她们遭受双重异化，才更想要转化为新型的思想主体。拥有精英履历的鹤见意识到，过去包括自己在内的"日本学者在探讨'日本'及'日本人'时,仿佛在论述一个不把自己包括在内的群体"。战后,由无着成恭所编的《山彦学校——山形县山元村中学校学生的生活记录》(青铜社,1951)在出版后备受瞩目,这项社会科教育的成果给了鹤见和子许多启发,更使她关注到了战前最早开创这些实践活动的生活作文(缀方)运动,她进而从这些活动中吸取了经验。和子发起的这场生活记录运动打破了以往男性知识分子主导的文体,促使人们从生活中创造出自己独立的语言,从这个意义上说,这场运动留下了不可估量的功绩。

振兴文化

美学家、哲学家中井正一与鹤见和子所处的位置不同,他在日本战败前疏散到故乡尾道,以自己担任馆长的图书馆为舞台开始了自己的文化活动。

> 10 月 7 日(1945 年——作者注),《治安维持法》废止后的第一个周日,我以一种自然的姿态,在图书馆举办了首场讲演会。那倾斜着的石头仿佛要滚落的样子。
> (《地方文化的问题》,1948;收录于久野收编《中井正一全集》,第 4 卷,美术出版社,1981)

20 世纪 30 年代,毕业于京都帝国大学的中井在京都先后以杂志《美·批评》《世界文化》《星期六》为阵地,展开了反法西斯主义的文化运动。后由于触犯《治安维持法》，他遭到逮捕，并被判处有罪，受到禁闭处分，处于治安当局的关押和监视下，对中井而言，在《治安维持法》废止后举办讲演，就像是身体自然做出的一种举动。他在代表作《委员会的逻辑——一个草稿》（1936，收录于长田弘编《中井正一评论集》）中所构想的"思维和讨论，技术和生产，进而综合起来，进行实践的逻辑"也具有应用于现实的意义。但是，对身为"知识分子"的中井而言，最初直接面对"大众"是一种考验。因为彼此的语言并不相通。"自那以后两年间，我实际上有很多次是在错误的道路上摸爬滚打的。"尽管拼尽全力，但听众却在减少，"甚至有两次还没有人来参加，只有母亲在听"。

　　中井令人注目之处在于，他能逐一检查自己的"错误"，开拓与"大众"产生共鸣的道路。"如将社会结构分为奴隶制、封建制、资本制……大家会以为这是些与自己毫无关系的学说"，因而用"绝望的本性；炫耀的脾性，并由此而产生出争抢的根性；利己主义的本性与表现"这样的方式，他发现了"活着便能明白的这种真实的状态"。于是，他逐渐认识到，"农民立志改革自我意识的内心正是文化发展的重要支柱"（《听众为零的讲演会》，1950，《中井正一全集》第4卷）。在日本国立国会图书馆创建不久后，中井被聘为副馆长。为使那写在《国立国会图书馆法》卷首的"真理使我们自由"这句话落到实处，他一直不懈奋斗着。（关于图书馆的发言，参照《中井正一全集》第4卷和《中井正一评论集》。）

在中日战争即将全面爆发的 1936 年，他在与同人创办的周刊报纸《星期六》上写下了无署名的卷首语，并用文章体裁的标题发表了《不能放弃，现在我们还活在这里》《人类就是为了让秩序成为万人之物而进行斗争的》《举起手，不管是多么小的手》等短论。创刊号上发表的那篇《花朵也绽放在铁路的土堆之上》也是如此。在这篇文章中，中井这样写道："现在我们还活在这里，我们要将这一信念牢牢地握在手里，不能放弃，不能放弃批判，只有这样，才能用花朵埋葬所有灰色的路线。" 10 年后，他使"灰色的路线"上盛开出文化之花。当我们回想起中井的这句话时，还沉浸在战后并没有结束的沉思之中。

附录

言论法规

言论法规的起源

我们在前面正文中也稍有涉及，人们在发表思想时常常会招致笔祸、口祸。即便没有直接遭受文字祸，但由于相应的监视法律体制已基本形成，人们在进行表达时必须要意识到框架的存在。作家所写的一行又一行、电影导演所导的一场又一场、演说家所讲的一句又一句、编辑所编的一册又一册，都有可能使他们成为刑事处罚的对象，从这个意义上说，近代日本的思想表达者要一边留心不被刑事处罚，一边又涌向社会发出自己的声音。这种不同于今天的别样的紧张感，是伴随着表达的行为而产生的。

设定限制框架的正是言论法规。追溯言论法规的历史，我们会看到，在近世 1722 年颁布的《出版限制令》是一部具有划时代意义的法规。该法规不仅禁止人们发表异论、色情作品、谈论德川家族，而且还规定在出版书籍时，书后必须实名标注作者和出版方。

此后，在松平定信实行的宽政改革中，林子平的《海国兵谈》被禁止发售。在水野忠邦推行天保改革时，印刷柳亭种彦和为永春水著作的木版被没收（后者被戴上手铐，受到处罚），歌川国芳所作的《源赖光公馆土蜘作妖怪图》的木版也被收回，这些都是当时有名的笔祸事件。而渡边华山、高野长英的蛮社之狱则是一个典型的思想镇压事件。

明治维新提倡洞开言路、万机决于公论。为了鲜明地体现出新政之所以为新政，这是政府不可回避的一个方针。于是，伴随着报社和出版社等信息产业的崛起，日本迅速迎来了言论开放的时代。信息量也出现了飞跃性的增加，当时的媒介主要是一些从海外输入的知识和包括木版在内的印刷品，那些从海外输入的知识多是通过进口书籍和人的交往获取的。在实行文明开化的过程中，各地陆续创办了各式各样的报纸，当我们看到这些报纸时，不仅能清晰地感受到当时的言论活动达到的盛况，还使我们联想到他们为发行这些印刷品做了多么充足的准备。面对言论活动呈现出的百花齐放的局面，政府立即着手强化言论限制。1875年颁布的《诽谤律》《报纸条例》，可以说是日本最早正式对言论进行限制的法规，这些法规的颁布宣告了思想、表达、运动即将迎来新的受难时代。

言论镇压史的诸研究

自《诽谤律》颁布以来,政府是如何制定并实施言论法规的?关于这方面的研究,可谓是硕果累累,特别是,那些仿佛曾被神秘面纱所覆盖着的言论法规究竟是如何运作实施的,关于这个问题的研究,较之过去,今天也有了明显的进步。

美土路昌一的《明治大正史》第 1 卷《言论篇》(朝日新闻社,1930)和奥平康宏的《检阅制度》(收录于《讲座:日本近代法发展史》第 11 卷,劲草书房,1967)是这方面具有开创意义的研究著作。前者是《朝日新闻》的记者美土路为探究"吾等先辈为使今天的我们获得继承而来的最小限度的自由,进行了多么艰苦的奋斗,并付出了多大的牺牲"而撰写的著作。后者则是宪法研究者奥平为把握战前日本负责审查出版的警察的全貌,最早开辟出的研究道路。

随后诞生的许多研究著作多是以对言论黑暗时代的怒吼为基调来撰写的。比如,美浓部亮吉的《苦闷的民主主义》(文艺春秋新社,1959)、向坂逸郎编著的《风暴中的百年——学问弹压小史》(劲草书房,1952)、家永三郎的《大学的自由历史》(塙书房,1962)等。

国家方面也留下了相关资料,比如,内务省警保局的绝密刊物《出版警察报》以及年报形式刊物《出版警察概观》整理并记录了每个月的出版物件数和动向、被禁的出版物、具体违禁之处等。除此以外,具有类似目的的绝密刊物有:内务省警保局保安课的《特高月报》、司法省刑事局的《思想月报》。另外还有内阁情报部的《新闻论调》，该刊物依次整理并归纳了各报纸的论调，并附有相关批判话语。这些刊物都是20世纪20年代后半期以后至亚洲太平洋战争末期刊行的。这一时期社会运动风起云涌，人们被战争的阴影笼罩，官方的这些出版物更是揭示出那是一个对言论而言最为残酷的时期。今天，经过研究者和出版人的努力，《特高月报》和《思想月报》终于以再版的形式出现在读者的面前。

在《出版警察报》再版之际，由由井正臣、北河贤三、赤泽史郎、丰泽肇所作的《出版警察相关资料：解说与总目录》（不二出版，1983）也随之问世。该文献的"解说"超出了解说的范畴，它以《出版警察报》为中心，向读者介绍了近代言论统治的历史。小田切秀雄和福冈井吉合编的《昭和时代书籍杂志报纸：禁发年表》（全4册，明治文献，1965—1967，增补版为1981年版）可谓下足了功夫，这部文献通过《出版警察报》和《出版警察概观》所记载的相关资料，将当时所有被禁止发售的出版物按照年份，逐次分为"书名、报纸名、杂志名"、"著者译者名及卷号"、"发行年月日及尺寸页数"、"发行地、发行所、发行者"、"处分时间"、"类别"（被禁类别分为扰乱社会安宁和败坏社会风俗）、"处分理由及摘要"等项，并一一进行列举介绍。而《现代史资料》（美笃书房）中包括"媒体统治""思想统治"在内各卷也围绕压制言论的主题发掘出许多新的资料。此外，学界还出版有奥平康弘监修的《言论统治文献资料集成》全20册（日本图书中心，

1992）等这样庞大的丛书。

同社会"安宁"问题一样，言论统治也日常性地介入了民众的社会"风俗"。被这个问题所烦扰的谷崎润一郎于是写了一篇小说《检阅官》（1920），讽刺了那些负责言论统治的审查官，通过这种方式来对言论统治进行回击。谷崎借着被传唤的作者之口，在愚弄"走出赤门的法学士"——审查官的同时，也吐露了自己的艺术观。

> "你从刚才起就说会挑起欲念……你是读了这个剧本后产生了欲念，因此你认为大多数人也一定会产生欲念吧。"
>
> "哈哈哈，他刚才的询问有些尖锐。——我稍懂点艺术。我自己绝不会产生什么欲念。"
>
> "正因为懂艺术才不会产生欲念——我认为那不合道理……这个场景原本描写了男女之间的情欲，因此懂艺术的人当然也会被挑起欲念……那些虽描写了男女之间的情欲，却无法使读者有切身感受的作品，在艺术性上决不能算是优秀作品。"

《出版法》与《报纸法》

在近代日本的言论法规中，发挥核心作用的是 1893 年制定的《出版法》和 1909 年制定的《报纸法》（当然它们都有各自的前史）。大致来说，前者是以图书，后者则是以报纸、杂志为统治对象的法规。1889年颁布的《大日本帝国宪法》第29条规定：
"日本臣民在法律规定范围内，有言论、著作、印行、集会及结
社之自由。"这尤其成为一条与"印行著作"关联的法律条文。

从言论统治来看，《出版法》中的以下各条值得注意。第3
条规定，在图书发行三日前，发行者应将两部装订好的书提交
给内务省。毋庸赘言，这是为了当局能事先采取禁止发售等的
举措。与此相关联的第7、8条要求发行者和印刷者在图书的末
尾必须写明各自的姓名、住所、发行及印刷年月日。如前所述，
要求书后要写明作者和出版方信息的规定始于1722年的《出版
限制令》，而《出版法》的颁布意味着这项规定最终以"版权页"
的形式确立起来。现在还有一部分图书、杂志会在版权页同时
写上印刷日、发行日，前者要比后者提前几日，这是《出版法》
所遗留的"传统"，或者说是人们的一种"惰性"。

《出版法》第19条规定，内务大臣对"被认定为妨害社会
安定秩序或扰乱社会风俗"的图书有禁止其发行发售的权力，
并有查封印刷制版和图书的权力。第22—28条载明了对出版此
类违禁作品的作者、发行者、印刷者进行刑事处罚的规定。

1922年，在著名的计划生育运动家玛格丽特·桑格访日之际，
担当陪同翻译的山本宣治为积极普及计划生育印了小册子《山
峨女史：家族制限法批判》。当时，政府认为计划生育具有危险性，
以桑格不举办公开演讲为条件准许其入境，但山本却想最大限
度地利用桑格此次访问日本的机会，为那些生活艰辛的人做些
事情。为避免受到当局的限制，他绞尽脑汁。一是，为掩人耳目，

《山峨女史：家族制限法批判》封面

在封皮写上"山峨女史"。二是，采用了"山本宣治 著"这一形式。三是，标题中写明该书是批判桑格的作品。四是，加入了注意事项，写到该书原本是要油印，并只限于内部阅览，只不过后来碰巧用铅字印刷而成。《出版法》第35条规定，印刷图书时，即便不直接发售，但其日的若是为了发行发售，也适用于该法律。山本为了回避这项法律条文，用红色字样的"绝密""严禁私自转载"做出警告，同时也是为了强调这本只有95页的小册子绝不是图书。因此，该书并没有版权页。五是，该书虽然是桑格于京都府医师会上的讲演概要，实际上却是桑格为普及计划生育而写的小册子《计划生育》(*Family Limitation*，1920，10th Edition）的全文翻译。这本小册子其实是作为专家的山本为了能更切实地实行计划生育而做的补充。

《出版法》的一部分内容曾于 1934 年被重新修订，并提出唱片也适用于该法律，而且它还与《报纸法》一同加入了有关"亵渎皇室尊严"的条款，规定对亵渎皇室尊严的人处以刑事处罚。

《报纸法》第 4 条规定，发行人必须向内务大臣提交报纸、杂志名等。在第 10 条之前，各条分别载明了与编辑、发行、印刷相关的各项规定。第 11 条强制要求发行方在发行时，要同时提交给内务省 2 部，所管辖的地方官厅、地方法院检察局、区法院检察局各 1 部刊物。第 12 条规定，发行报纸、杂志时，要向地方官厅缴纳保证金（东京市、大阪市和市外 3 里以内的地方交纳 2 千日元）。第 23 条规定，若认定刊物有扰乱社会安定秩序、妨害社会风俗时，内务大臣有权禁止其发行发售，并有权予以查封。第 27 条规定，陆海军大臣和外务大臣有权禁止刊物刊载关于军事、外交的事项，并对刊物所刊载的内容有限制权。第 28—42 条是关于违反该法时所受刑事处罚的规定，而第 42 条特别写明了对触犯"亵渎皇室尊严、变更政体，或干扰国法的事项"之人进行处罚的规定。第 43 条规定，法院有权禁止报纸、杂志的发行。

总体战体制下的言论统治

除了以上这些限制，所谓的治安立法自然也瞄上了当时的思想、表达活动。其中，1925 年制定、1928 年修订的《治安维持法》的威慑力尤为巨大。特别高等警察网布满日本全国，彻底取缔了那些变更国体、否定私有财产的运动。而在进入总体战时期后，与言论有关的法规更是铺天盖地侵袭而来。

松田道雄对那段时代经历仍记忆犹新，他带着一种怅惘愤懑之情，这样叙述了当时思想遭受压制的状况：

> 对那些生活在基本人权能够确保的世界的人们而言，没有思想信念的自由是难以想象的。权力禁止某种思想（《治安维持法》禁止共产主义和共和主义），是指平常就备有取缔危险思想的思想警察体系。在日本，特高的成立与《治安维持法》的制定是同时进行的。即便基层警察并不具备判定学生思想是否存在危险的能力，也可以对其思想进行取缔。如果有人随身携带载有"危险思想"的印刷品，或在自己房间里放置这样的刊物，警察就会逮捕这些人，将其关到拘留所，只要对其拷问，大部分人都会"供认"他们具有危险的思想。
>
> 只要有人所属的团体是一个具有危险思想的团体，甚至只是参加了受那些团体影响的人所举办的集会，就可以判定这些人是思想危险分子。

　　那些总不会被警察盯梢的人说,《治安维持法》只对从事国际间谍活动的尾崎秀实等人施以最高刑死刑,因此它并非恶法。但《治安维持法》的极刑就是死刑,这使那些基层警察展现出多么唯我独尊的面孔。他们恐吓说"给你们判死刑就好了",对人进行严刑拷问,事实上不少人被他们送上了死路。

　　　　　　　　　（对《中野重治诗集》的解说——《愤怒的时代》）

　　在所有有关言论的法规中,有两部法律则直接涉及言论的取缔,这就是 1938 年颁布的《国家总动员法》和 1941 年 12 月对英美宣战后颁布的《言论、出版、集会、结社等临时取缔法》。前者是为了实行总体战,赋予政府具有动员"人及物品资源"权限的法律,其中第 20 条这样规定道:"在战时之际,当有必要进行国家总动员时,政府可根据敕令所规定的内容,限制或禁止报纸及其他出版物的刊载。"与此同时,若有违反,政府可禁止其发行发售,查封包括原版在内的印刷物。后者是关于印刷媒介的条例,该法律规定:根据《报纸法》的规定发行出版物时,必须要得到行政官厅的许可,当被禁止发行及发售时,行政官厅也可以停止该出版物以及同一出版社的其他出版物的发行等。此外,1939 年颁布的《电影法》重新规定了电影制作人、配给方的许可制、作品的事先审查等条例。

　　不仅如此,当局还在新闻媒体的活动方面撒下各种监督、统治之网。那些左右企业合并和纸张分配等的措施,威胁着媒体自身的存续。政府所奉行的是不让媒体进行自由报道的方针，与此同时，要求新闻媒体按照政府所限定的方向进行报道的方针也格外明显。福岛四郎、贞子夫妇于 1900 年 5 月 10 日创办的《妇女新闻》，是一份提出了各种各样的女性问题的周刊报纸。由于不愿再承受合并的压力以及当局对言论的压迫，1942 年 2 月 15 日，二人不得不决定停刊。据说，四郎还公开声称停刊的那一天是"自己的忌日"[福岛杉夫为福岛四郎所著的《妇人界三十五年》再版（不二出版，1984，原版为 1935 年版）时所写的"再版后记"]。

与这样完备的取缔体制同时运行的是完善的取缔机构。1940 年 12 月情报局的成立，标志着取缔机构的最终确立。过去有关思想、言论、表达的统治主要以内务省警保局为核心来开展，并由外务、递信、陆军、海军等各省厅进行处理。随后，1937 年设置了内阁情报部，为使言论统治一元化，又将情报部升格为情报局。情报局直属于总理大臣，成立之初由企划、报道、对外、审查、文化五个部门组成，负责宣传和收集情报，以及对言论进行引导和取缔。不过实际上，陆军对言论的介入尤为明显。

以上所介绍的是有关言论统治的法律体制和机构的概要，但重要的是，虽然言论取缔是以当局审查出版物以及内务大臣拥有禁止发行发售的权力为基础而形成的，但在实际取缔中，大多是由那些处于国家机构末端的恣意妄为的出版警察来实施的。关于这一点，奥平康弘在前述的《检阅制度》中这样论述道："第一，由于拥有这样的权限，因此衍生出两种法外的审查

命令——秘密审查和禁止刊载相关报道。""第二，禁止发行发
售的处分在制度上能完全独立于司法审查等所有的审查，因此
具有绝对性。""第三，根据法律所授权的发行发售禁止权的范
围……并非人们所认为的用广义而广泛的语句进行限定，因此
它实际上并不是限定，而是什么都要禁止。""第四，从法律条
文上来看，这项权限只能由内务大臣所行使……但实际上却是
由地方的基层警察来实施发行发售禁止（暂时）处分的，事后
在形式上会发给他们由内务大臣所追认的命令书，这些已是日
常的惯例。"

审查与"开天窗"

　　刊物遭受"开天窗"的处分，最能生动地体现审查制度所
带来的伤痕。关于岩波书店的刊物，可举以下二三例。

　　下面的图片分别是秋笹正之辅所著的《殖民地政策史》（收
录于《日本资本主义发展史讲座》第 2 部《资本主义发展史》）
的绪论部分和结尾部分。就删除状况而言，真可谓是体无完肤。
这本书其实是《日本资本主义发展史讲座》第 5 批中的一册，
于 1933 年 2 月 20 日刊行，但随即便遭到禁止发售的处分。据
前述的《昭和时代书籍杂志报纸：禁发年表》所载，在"昭和 8
年 2 月"发行的"单行本"类，列出了"2 月 19 日　安　诽谤
我国军事外交之报道"的内容。19 日正好是该书刊行的前一日，
因为版权页上所标的印刷日为 2 月 15 日，因此这中间间隔的 5

序論

今日、各國の植民地政策は、世界政治に於てまた帝國主義諸國の内政に於て、最も……な問題となつた。資本主義の一般的危機の上に發展しつつある經済恐慌は、益々その範圍を擴げ、愈々その……………。資本主義諸國が……の恐慌から………、必然的に、世界の……。による×××××並びに…………へのより一層の……政策に求めつつある。そしてこの植民地政策を契機とする帝國主義列強間の……未曾有に……れて居り、世界政局を決するこの……は、それら諸國の團體である。國際聯盟の軍縮會議・總會にさへ、いたるところに、見出されてをるところである。

…………………、地球上の最後の……たる……大陸の…………、……範圍のより…………が、時を同じうして……より四川、青海……フ…………印度支那より雲南、廣西……、…………より……及び中部……その……を…………り、さらに、…………を………とする國際…………の政策は、國際聯盟を媒介として絕えず進捗されてゐる。

そして……が、斯かる……進出、…………、まさに………に於て起しつつある……の意義

三

第二に、…………が、…………、あらゆる商工業の基礎たる黒色冶金業の育成は…………の工業……の根幹であつて、鞍山、本溪湖等の鐵山…………。「………」…………。ゐる。さらに、石炭……石油…………は、……をこの方面の最重要補給地…………。

第三に、…………、原料品の無盡藏の供給源泉と………………………。ゐる。……の食糧品の………………。

第四に、滿洲はその三千萬の人口を擁して、日本の商品に對する…………市場と………その「………」………。

大體以上が、……………………………素描である。

今日………「………」を「………」したところの…………は、……の全×××…………の。

《殖民地政策史》结尾

天时间，是根据《出版法》第 3 条规定的，为政府进行处置而预留的时间。这里的"安"，毋庸赘言，是指"禁止扰乱社会安宁"（另一个处分类别中的"风"是指禁止败坏社会风俗）。由于在审查时，涉及违禁内容的部分被删除，于是该书在发行后，就变成了这样零零碎碎的文章。后在 3 月 11 日发行时打出了"改订版"的字样。在《日本资本主义发展史讲座》发行的第 5 批丛书中，铃木小兵卫的《最近的殖民地政策与民族运动》也同时遭受了同样的处分。（此前第 4 批发行的 6 册书全部被禁止发售。）

　　顺便提一下，1933 年 2 月被禁止发售的出版物中，"单行本"有 16 部（其中，"安"字类有 14 部，"风"字类有 2 部），"报纸、杂志"有 160 份（其中，"安"字类有 148 份，"风"字类有 12 份），"外国出版物"达 43 部（全部被标注为"安"）。被禁的"报纸、杂志"几乎遍及日本全国各地。

　　并非只有最新出版的书刊才会被查禁。经典作品也难逃厄运。下图是岩波文库于昭和 11 年（1936 年）12 月 20 日发行的福泽谕吉的《文明论概略》第 2 版的一部分内容。同样的文章在昭和 6 年（1931 年）5 月 30 日刊印初版时，相关内容并未被删除，但在发行第 2 版时却被大幅度地删除。并且，第 2 版论及"天皇与皇室"部分也遭删除。这显然是受到了前　年天皇机关说事件的影响。

　　对岩波文库而言，这是战时体制下受难的开端。在具有年表风格的公司历史记录《岩波书店五十年》（1963，岩波书店还刊行了同样体裁的《七十年》《八十年》）中，也提到了"岩波

きこと推て知る可し而して其氣風の乏しき所以は何ぞや潤り

是即ち天下の人心武家あるを知て王室あるを知らず關東あるを知て京師あるを知らざる所以なり假令ひ十名の正成を得て大將軍に任ずるも此積弱の餘を承て何事を成す可きや人力の及ぶ所に非ず是に由て之を觀れば足利の成業も偶然に非ず楠氏の討死も亦偶然に非ず皆其然る所以の原因ありて然るものなり故に云く正成の死は時の勢に因るものなり正成は尊氏と戰て死したるに非ず時勢に敵して敗したるものなり

右所論の如く英雄豪傑の時に遇はずと云ふは唯其時代に行はるゝ一般の氣風に遇はずして心事の齟齬したることを云ふなり故に其千歳一遇の時を得て事を成したりと云ふものも亦唯時勢に適

《文明论概略》第2版部分内文

きこと推て知る可し而して其氣風の乏しき所以は何ぞや獨り後醍醐天皇の不明に由るに非ず保元
平治以來歷代の天皇を見るに其不明不德は枚擧に遑あらず後世の史家詔諛の筆を運らすも尚よく
其罪を庇ふこと能はず父子相戰ひ兄弟相伐ち其武臣に依賴するものは唯自家の骨肉を屠らんがた
めのみ北條の時代に至ては陪臣を以て天子の廢立を司どるのみならず王室の諸族互に其骨肉を陪
臣に讓して位を爭ふに至れり自家の相續を爭ふに忙はしければ又天下の事を顧るに遑あらず之を
度外に置きしこと知る可し天子は天下の事に關る主人に非ずして武家の威力に束縛せらるゝ奴隷
のみ *伏見帝の後に北條貞時に敎して龜山帝の後立るの不利を說き帝の皇子を立て、後伏見帝と爲したることあり後字多帝貞時に訴へ後伏見を廢して後字多帝の皇子を立たることあり* 後醍醐天皇明君に
非ずと云ふも前代の諸帝に比すれば其言行頗る見る可きものあり何ぞ獨り王室養廢の罪を蒙るの
理あらんや政權の王室を去るは他より之を奪ふたるに非ず積年の勢に由て王室自から其權柄を捨
て他をして之を拾はしめたるなり是即ち天下の人心武家あるを知て王室あるを知らず關東あるを
知て京師あるを知らざる所以なり假令ひ天皇をして聖明ならしむるも十名の正成を得て大將軍に
任ずるも此積弱の餘を承て何事を成す可きや是其然る所以の原因ありて然るものなり正成の成業
も偶然に非ず皆其然る所以の及ぶ所に非ず是に由て之を觀れば足利の大將軍に
死は後醍醐天皇の不明に因るに非ず時の勢に因るものなり正成は尊氏と戰て死したるに非ず時勢
に敵して敗したるものなり

右所論の如く英雄豪傑の時に遇はずと云ふは唯其時代に行はるゝ一般の氣風に遇はずして心事
の齟齬したることを云ふなり故に其千歲一遇の時を得て事を成したりと云ふものも亦唯時勢に適

《文明论概略》第1版部分内文

文库福泽谕吉《文明论概略》次版修订处分"一事。说到岩波文库,除《文明论概略》外,还有以下作品也遭到了不同程度的处分。1937 年,安德烈·纪德(André Gide)的《访苏归来》的部分内容被删除。1938 年,根据终止关于社会科学书目自发加印的指示,部分书籍不再加印;田山花袋的《棉被》《一兵卒》和亨利-弗雷德里克·阿米尔(Henri-Frédéric Amiel)的《阿米尔日记》的第 2 版部分内容被删除。1939 年,芥川龙之介的《侏儒的话》和《芜村俳句集》被要求对第 2 版进行修订,武者小路实笃的《他的妹妹》和德富芦花的《自然与人生》的部分内容被删,福楼拜的《包法利夫人》(上、下)不仅被删除部分内容,还被要求对第 2 版进行修订。1941 年,罗莎·卢森堡(Rosa Luxemburg)的《资本积累论》被禁止发售。

编辑美作太郎

我们所看到的这些遭到当局言论压制的事件,并非只是与人们的日常生活割裂开来的冰山一角。反过来说,这是不断对人们的精神和肉体进行监视的一个波峰。

比如,从东京到九州的旅行是一种怎样的经历呢? 1924 年,由熊本来到东京求学的美作太郎写下了这样的一段记录:"那时,到熊本会有一段路途遥远的旅程。"乘坐"樱花"号特快列车要花一昼夜的时间才能到达下关,然后乘坐关门联络船抵达门司港,再从那里搭乘火车,这是花费最少时间的出行方法。"在距离下关约有一个小时车程的小郡站，山口县特高的便衣警察必定会在这里上车。他们分头行走于车厢的通道，目不转睛地环视着车厢中的每一个乘客，从他们的长相到神情，还会注视着那些被置于网架上的行李，如果他们觉得有人可疑，就会在众人环视之下对其进行'怀疑讯问'。——追问可疑人物的姓名、住址、目的地、要办的事等，甚至还会将手伸进篮子和行李箱中，检查其携带的物品。如果这时被他们发现带着左翼人士所写的文献，或是《改造》和《中央公论》等综合杂志，便衣警察便会摆出一副果然'不出我所料'的面孔，开始向对方进行刨根问底式的讯问。"（《走过战前战中——作为编辑》，日本评论社，1985。）可以说，正是由于具备了这样彻底的监视体制，言论统治才会趋于日常化。

美作太郎之所以选择编辑这个职业，其实是因为他的内心怀有一个抱负，那就是通过各式各样的出版策划来向社会质疑。为了实现这一抱负，他必然要克服一项重要的课题，即出版作为一种商品能经营下去吗？况且，他还不得不锥心彻骨地感受国家这一绝对者的存在。他把这些体验与自己所身处的出版界的动向一同写入了《走过战前战中》一书。

大学毕业后，美作进入了日本评论社工作。后来他从军，度过了一段兵营生活。从出版社辞职后，他曾加入过日本共产党，后遭逮捕而转向。1935 年，美作再次进入日本评论社。而当时的日本评论社突然"降临了巨大的'灾难'"。一直以来受到读者广泛欢迎的美浓部达吉的《日本宪法的基本主义》《宪法撮要》《逐条宪法精义》被禁止发售，《议会政治的检讨》遭到再版修订的处分。当局的这些处分虽没有对日本评论社的经营造成致命的打击，但对重新回归编辑职业的美作而言，却"受到了极大的冲击。那种感觉就仿佛自己的耳旁响起了法西斯分子由前哨战转为阵地战时发出攻击的车辙声"。

紧接着，巨大的"灾难"又再次袭来。1938年，河合荣治郎的著作《社会政策原理》《法西斯主义批判》《时局与自由主义》《第二学生生活》因违反《出版法》而被禁止发售。河合的这些书其实早已出版一年以上，但当局的处置显然带有对他批判法西斯主义进行"报复的意味"。此后，河合被停职，遭到起诉，在与法庭的斗争中饱尝艰辛而不屈，继续推进"学生丛书"的策划和编辑。此时的美作作为一名编辑支持着河合的工作。"我在心底默默地许愿，希望这套'学生丛书'能为那些在波涛汹涌的法西斯主义潮流中不知何去何从的青年学生提供引导，即便为时已晚，也要引导他们走向'反法西斯主义统一战线'的土地。""当时，《学生与历史》的编辑工作已经结束，在进行印刷的途中，由于津田左右吉执笔的《日本历史的特性》一文被审查当局命令删除，于是只能漏掉那部分的页码，就那样刊印出来，我不能忘记这些事。"

但是，难以为继的日子还是到来了："终于，压制之手伸向了这套丛书。开战次年的1942年，我拜访教授，向他转达情报局的指示：印刷纸张的配给被终止。"而一个月后，"我再次告诉教授，不仅是'学生丛书'，其他著作的印刷纸配给也被停止，很难再加印"。

在这样的情况下，当局推出了"出版新体制"的构想。美作在《走过战前战中》中叙述了这一经过，大致情况如下。1937 年 10 月，内务省警保局图书课与出版界的一部分人士展开合作，最终创立了出版恳谈会。在恳谈的形式下，该会在监管当局进行事前指导时为其提供相关线索。随后，在 1940 年年末，作为"出版报国核心机构"的出版文化协会创立，这个协会除了原本从事出版业的出版人外，还有来自情报局和大政翼赞会的官员，甚至陆军省和海军省的军人也作为特约人员加入进来。不久，出版用纸配给以及颁布《企业整备令》的风暴接踵而来，袭向出版界。不仅如此，美作自身也因所谓的"横滨事件"而遭逮捕。1942—1945 年，《改造》和《中央公论》等杂志的 60 名撰稿人和编辑被神奈川县特高课逮捕，诬陷他们密谋重建日本共产党，并在审讯中对他们进行严刑拷打，这就是横滨事件。由于受到这一事件的影响，1944 年《改造》6 月号、《中央公论》7 月号发行后相继被迫停刊。

美作在他的著作出版之际，在"前言"中写下了这样一句话：

远在所谓的"十五年战争"开始以前，（言论的压制）就已在逐步推行中，而我身为一名编辑，也被卷进其中，最终跌入悲惨的境地，希望读者能清楚地看到这个过程中发生的真实状况。

这不仅是美作的自省，也是他向读者提出的忠告。

占领与审查

伴随着 1945 年 8 月 15 日日本的投降，以及盟军的占领，言论审查体制也随之解体。同年 9 月，根据盟军总司令部发布的《关于对报道及言论自由实施追加措施的备忘录》，《出版法》和《报纸法》失效（1949 年 5 月正式废止）。紧接着，10 月，总司令部又发布《关于废除限制政治、民事、宗教自由的备忘录》，麦克阿瑟发布了推行宪法自由主义化以及实施确保人权的五大改革的指令。根据这些要求，《国防保安法》《军机保护法》《言论、出版、集会、结社等临时取缔法》《治安维持法》等法律相继被废除，这使人们强烈地感受到思想、言论自由的时代就要复苏或到来。1946 年公布、1947 年实施的《日本国宪法》第 21 条"集会、结社、表达的自由，通信的秘密"、第 19 条"思想及意志的自由"、第 20 条"信教的自由"、第 23 条"学问的自由"等条款明确规定保障人们的思想、言论自由。

在战后的日本社会，无论是在表达自由或限制表达方面，还是在体现人们关于表达的意识方面，盟军所实施的审查体制看起来就像是一个试金石。今天，这已是众所周知的事实，不过在当时，盟军一方面命令废除既有的压制言论的法规，另一方面却建立起自己的审查体制。1945 年 9 月颁布的《日本报纸准则》和《日本出版法》通常被统称为"新闻准则"，这是盟军实施言论统治的准则（广播方面有《广播准则》），根据这些准则，盟军总司令部严格禁止人们对同盟国及盟军进行批判。这意味着，军事作战结束后，审查作战已经开始。

审查作战主要由美军的一个被称作"民间舆论审查局"（Civil Censorship Detachment，简称CCD）的机构来负责，该机构鼎盛时期竟有8000人之多（多为担当翻译的日本人），他们从事包括检查邮件在内的审查工作。为了弥补所宣扬的言论自由与现实之间的差距，民间舆论审查局给出种种借口，比如，"倒是在培植日本的出版机构，为其指明出版自由的责任和重要性"，或"最小限度地限制言论自由"等，并指示不要留下审查的痕迹。这个审查机构从1945年9月一直延续到1949年10月，实际上，它所针对的主要目标是那些有关批判同盟国和盟军的言论、具有极端国家主义性质的言论、（后来发现也确实如此）共产主义言论。而这个机构还有一个极为重要的目的，那就是收集情报。

这种审查机构的存在及其所从事的活动，与《日本国宪法》所规定的思想、言论自由之间明显横亘着矛盾。从这个意义上说，占领下的自由不过是受管理的民主主义。与此同时，不论如何，审查体制的存在也折射出作为被审查者的日本人的面貌。一言以蔽之，那是一副驯服于审查的面貌。似乎只有极少数人为了以后或为了铭记于心底，而将审查过的校样保存在身边。由于这样的缘故，占领结束后，即便是重新公开发表，也只有极少的资料能恢复被删除的部分。人的惰性心理仍在作祟，这也意味着心灵的被占领仍在持续进行中。

宪法明确规定了人们享有思想、表达的自由，因而也可以说，球会被人们投回来。战后发生的起诉伊藤整等人的查泰莱审判、以家永三郎为原告的教科书诉讼等事件表明，人们与国家之间仍存在着思想、表达的受难和抵抗。但今天，从公开行使权力这一层面来看，问题稍显复杂化。深泽七郎的"风流梦谭"事件[1]及昭和天皇的逝世引发的菊禁忌问题，以电视为代表的媒体投下其"庞然大物"的暗影，他们对言论内容进行自主限定，并操作相关信息，这些问题不仅笼罩着社会，甚至影响到人们的身心。近代日本的言论法规与思想、表达自由的课题，作为一个反映社会及个人特征的问题，仍与我们所处的现代紧密关联。

---

[1] 1960 年，作家深泽七郎在《中央公论》12 月号上发表小说《风流梦谭》，由于小说有描写天皇等皇族被处刑的桥段，深泽及中央公论社遭到右翼的抗议和攻击，并引发了一起恐怖暴力事件。次年 2 月 1 日，一名 17 岁的少年闯入中央公论社社长岛中鹏二家中，杀死一名女佣，并刺伤社长夫人，这就是"风流梦谭"事件，也称"岛中事件"。该事件发生后，天皇制言论的禁忌再次被强化。——译者注